KAOGU
NAXIE SHIR

黄大路 ● 著

图书在版编目 (CIP) 数据

考古那些事儿 / 黄大路著. -- 北京：中央编译出版社, 2022.8
ISBN 978-7-5117-4187-5

Ⅰ.①考… Ⅱ.①黄… Ⅲ.①考古发现—中国—通俗读物 Ⅳ.①K87-49

中国版本图书馆 CIP 数据核字（2022）第 095282 号

考古那些事儿

责任编辑	张　科
责任印制	刘　慧
出版发行	中央编译出版社
地　　址	北京市海淀区北四环西路 69 号（100080）
电　　话	（010）55627391（总编室）　（010）55627362（编辑室）
	（010）55627320（发行部）　（010）55627377（新技术部）
经　　销	全国新华书店
印　　刷	北京印刷集团有限责任公司印刷一厂
开　　本	710 毫米 × 1000 毫米 1/16
字　　数	259 千字
印　　张	18
版　　次	2022 年 8 月第 1 版
印　　次	2022 年 8 月第 1 次印刷
定　　价	88.00 元

新浪微博：@中央编译出版社　　微　信：中央编译出版社（ID：cctphome）
淘宝店铺：中央编译出版社直销店（http://shop108367160.taobao.com）（010）55627331

本社常年法律顾问：北京市吴栾赵阎律师事务所律师　闫军　梁勤
凡有印装质量问题，本社负责调换，电话：（010）55626985

序

考古人是个啥样人？

据我观察，每个行当的从业者都会因职业性质养成特有的性格，考古这行也不例外。有媒体朋友向我发表感慨"考古人不好相处"，并为考古人归结出好几条具体表现，第一个表现是：较起真来不顾及外人脸面。这一条，我承认确实是这样。

2015年，江西海昏侯墓的发掘工作到了紧锣密鼓阶段，因为出土的随葬器物太多、太亮眼，闻讯而来的新闻媒体足有几十家，应对媒体，国家文物局专家组组长自然成了最忙碌的人。一天，因为有事我迟了一些到考古工地，在大墓的墓口处，见专家组组长涨红了老脸正在训斥一位30多岁的女记者，而女记者泪流满面。见此情景，我忙上前，劝开二位。女记者离开后，我问专家组组长："您这是干吗呀？"老人家义愤填膺："说是采访，其实就是胡咧！我跟她说，看完新闻稿再来采访我，她不听，没完没了，我就急了。"这事说来不能怪专家组组长，不过，这位老人家的脾气也是点火就着。这就是考古人，一旦发飙，谁的账也不会买。还有一件事，很多人拿着当地领导批示的条子随意出入考古工地，考古工地哪有想进就进的道理？还是这位老同志，坐镇墓口，老脸一抹，与发掘无关者，一律不许进，甭管你拿的是谁写的条子。此举当真得罪了很多人，但确保了文物的安全和发掘秩序。

媒体人归结出来的考古人不好相处的第二个表现是：一些考古人回答问题时常常搪塞了事。这一条，我还得为考古人打抱不平。说实话，很多考古人是因为"一朝被蛇咬"才对媒体有了芥蒂。这么说吧，发掘现场，出了什么东西才能说什么话，一就是一，二就是二，绝不可举一反三、凭空臆造，但一些媒体为了提高关注度，常会看见个杆子就往上爬，以至于爬到了连考古人被蒙得云里雾里的境地，关注度是上去了，可违反了科学，造成的负面影响常会牵连到考古人。当然，反过来说，势可以造，但抓住一点就浮想联翩、无限放大可不行，对考古人来说这就是大是大非的事了。如此说来，一些考古人在接受采访时施展搪塞之术着实不足为怪。

关于考古人不好相处的第三个表现是：总是拿不准考古人在想什么。这一条我还是要做些解释，和所有的学科一样，在工作现场，考古人想得最多的当然是工作。有考古人这样概括，考古既费体力又费脑力。体力，挖土抡锨，出了文化层以后细细地刮，在遗址里蹲上数月是常有的事；脑力呢？一边刮地层一边琢磨，因为考古发掘是不可逆的，一旦出现误差，就无法挽回。因此，考古人常会处于高度紧张状态，这时呢，却也是媒体出彩儿的时候，媒体人向满脑子都是事儿的考古人提问，考古人不可能如实回答，待考古人停下手来思索过后，您再发问，通常会得到满意的答复。

那么考古人究竟是怎样的人？上面三条是媒体的评价，接下来，借这本书，说说我自己的感受，索性，我也来个三条。第一条：考古人很轴。本书的开篇，"玉龙寻踪"，为了核实玉龙的出处，考古人员奔波了整整两年，费尽周折找到了捡到玉龙的当事人的家，可当事人已经去世。当事人的儿子说，他家离捡到玉龙的地方赶着驴车抽一袋烟就到了。为了找到玉龙出土的确切地点，考古人员当真借来驴车和烟袋，验证了一把。考古人的举动，在外人看来，的确轴，究其原因，就是那句老话：不知道过去，就不知道当下。

探究历史，你的结论出了差错，以错误的研究结论审视当下，那不全乱了，考古最是含糊不得。

再比如，本书的"敖汉问祖"一文，考古人员在勘察红山文化聚落遗址时采集到了几十块陶片，回到驻地，一拼对，是一尊陶人。陶人会是什么年代的遗物？倘若以采集到的陶片的地点来看属红山文化范围，而且为陶人做出文化属性，本是无可厚非的，但考古人员偏偏再一次来到出土陶片的地方，开了一个10×10平方米的探方，发掘的结果，手铲下露出了一处房基，房基范围内现身了陶人的前额和左臂缺失的部分以及一些显现着典型的红山文化特质的陶片，再有就是，房基中有一个灶膛遗址。考古人员采集灶膛中的炭灰，做年代测定，测定的结果，房基属于5000—5500年前的遗迹，就此，陶人才被确定为是红山文化遗物。考古人轴，因工作使然。

考古人究竟是什么样的人的第二条总结：特别能吃苦。考古的苦有两层意思：其一，体力上的苦；其二，精神上的苦。考古的工地现场，挖土的活一般由雇用的当地民工来干，见到文化层以后，考古人亲自上手。脸朝黄土背朝天，在坑里蹲上个把月是家常便饭。

本书的"遗骨探奇"一文中讲到一位40多岁的考古队队长，整日里风吹雨打日头晒，脸上挤满了沧桑，回到北京，乘坐公交车，居然有年轻人主动给他让座！为此，他问我："我看着有那么老吗？"我说："咱工地上这些大三的学生，在发掘现场待上个把月，个个像不惑之年的。"考古人精神上的苦多是寂寞，当下好了很多，几乎所有考古工地都有网络信号，能用手机，下了工，忙完手头的事，可以捧着手机，各取所需。三四十年前可没这等福分，甭说手机了，连报纸都是迟到了不知道多少天才能到我们手上。一到晚上，想家、想孩儿、想老婆了，几个考古人围在一起，点根蜡烛，弄瓶老酒，就着惦念，三杯下肚，蒙头睡去，第二天，干劲依然。

即便是在当下，干考古的也得扛得住寂寞，很多发掘工地是在人迹罕至的荒野。考古人将去发掘现场叫作"下田野"，何谓"下田野"？说白了，就是远离妻儿，吃住在工地，耗上数月半载，已然常事，年终岁末赶回家，混进返乡大潮，特接地气。

关于考古人究竟是些什么样的人？我要说的第三条：天然。常年待在田野，身边是纯净的大自然，时间久了，任何人都会返璞归真。至于说工作状态，眼前是静卧的祖先或者祖先的遗留，与祖先对话，绝对动不得心机，一就是一，二就是二，就此，注定了考古人的纯真，也就是天然。

本书属"与古人对话"范畴，写了这么多，从外到里光做考古人的行为概括了，干吗要这样？我以为，不了解考古人，就不可能了解考古，就不可能与古人对起话来。至于说考古是怎么回事？我想起了北京大学李伯谦先生的一段话："考古当然有辛苦的一面，但你在这个过程中既能看到自然风光，也能看到人文之美，更重要的是能够与古人对话，为修国史贡献力量，其实，只要真心喜欢考古，完全可以获得游山玩水的乐趣。"

目录

第一件事儿
废墟下的"多庙之城"
成吉思汗导演的一场政治联姻　　**001**

第二件事儿
甑皮岩
一住就是5000年的家　　**023**

第三件事儿
敖汉问祖
中华文明的太阳在此升起　　**035**

第四件事儿
惊世大发现
海昏侯大墓中那口帝王牙　　**053**

第五件事儿
寻龙诀
命运多舛的国宝　　**095**

第六件事儿
天山科考
探究古丝路之谜　　**113**

第七件事儿
解码双墩
刻在碗底的秘密　　**125**

第八件事儿
萌萌的"小黄鸭"
春秋中山国车马坑　　**141**

CONTENTS

第九件事儿
大王叫我来巡山
木垒科考 **159**

第十件事儿
草原古墓
散乱的石板墓 **177**

第十一件事儿
巴蜀"船"奇
开明王朝的船棺 **193**

第十二件事儿
汉墓奇珍
"祸不单行"与奇迹再现 **205**

第十三件事儿
瑰宝探奇
考古实验室里的外科手术 **221**

第十四件事儿
秘境寻踪
雪山中探寻呼图壁岩画 **237**

第十五件事儿
永远的田螺山
翻开古人的生活日记 **251**

后记 **276**

第一件事儿

废墟下的"多庙之城"

成吉思汗导演的一场政治联姻

过黄河,跨阴山,草原尽现。从内蒙古自治区草原深处的达尔罕茂明安联合旗往北38千米,人迹罕至,残垣断壁,犹如鬼蜮,在一个个犹如坟包般的废墟下,隐藏着教堂、佛塔、宫殿……这就是曾经的敖伦苏木(蒙古语,意为"多庙之城"),曾经,世界因为它而震颤。

风是草原上的永恒,被风雕琢的残墙、废墟兀立在人迹罕至的草原深处,远远看去,鬼斧神工,这就是现实中的敖伦苏木城。敖伦苏木城遗址呈长方形,东西长、南北宽。南墙长950米、北墙长960米,东墙长560米、西墙长580米,城墙遗迹清晰可见。早年古城遗址内,地表遗迹非常丰富,石碑、基石、柱础、石条、石板、陶瓷残片比比皆是。

1927年年初,瑞典著名探险家斯文·赫定的第四次中国西北科学考察被北洋政府叫停了。叫停的原因既简单又破天荒——科考队里必须有中国人。当时,外国人在中国科考都是畅通无阻的,而科考获得的结果,中国人是没资格问津的。晚清时期,因为国力孱弱,外国人在中国科考甚至无须征得清政府的同意,或者仅仅是走个过场,向清政府打声招呼。此一番,当上了北洋政府掌门人的张作霖遏制了外国人,叫停了

▶

斯文·赫定(Sven Hedin,1865—1952):瑞典探险家、地理学家、地形学家、摄影家。他从16岁开始,一生从事探险,数次深入亚洲腹地进行探险考察。

▲
百灵庙
藏传佛教寺庙,旧时达茂的地标性建筑。

▲
黄文弼(1893—1966):湖北汉川人,考古学家、西北史地学家。

斯文·赫定的科考计划。

民国时期,迫于民怨,张作霖决定不再因循前例,斯文·赫定第四次西北科考成了中国人伸张主权的尝试。经过6个多月的周旋,斯文·赫定终于放下洋人的架子,被迫接受了北洋政府开出的条件。也正是因为有了中国人的参与,消失了800多年的敖伦苏木回归了。1927年5月9日,联合科考队自京城出发。

可以说,敢和外国人叫板的张作霖,开创了中国历史上的先例——外国科考队里必须有中国人。于是,时年34岁的黄文弼出现在了斯文·赫定的联合科考队中。科考队自京城出发,一路上洋人开了眼,记录了很多民俗特征。当时清政府虽灭亡,但很多百姓移风不易俗,头上仍旧拖着长辫子。

当科考队来到阴山北边、草原深处,他们发现了一座具有地标性的建筑——百灵庙。这种地方为什么会有如此恢宏的庙宇呢?联合科考队中的中方科考队员黄文弼推测,大庙不可能是孤立的，黄文弼有种预感，科考的头一站，也就是达茂旗①的草原深处，或许会有大发现。

事情的发展当真如黄文弼所料，无意间，联合科考队走进了一座古城，残垣断壁，步入其间，黄文弼感受到的是莫名的冲动。

就在黄文弼踏寻的时候，传来了一个令所有中国人都震惊的消息，联合科考队里另一位叫丁道衡的中方科考队员在距离百灵镇东北80千米的山地草原里发现了一个大铁矿。

1927年6月6日，离开京城快一个月了。摊在黄文弼眼前的是偌大、荒芜、凄凉的残城。蒿草摇曳，瓦砾遍地，高台兀立。向导说，当地人管这儿叫鬼城，因为无论白天还是黑夜，无论从哪儿往里看，都像有鬼魅飘忽。

史料记载，成吉思汗初成霸业的时候，曾联合汪古部，在西部草原修建一座叫作敖伦苏木的城，成吉思汗为什么要在草原深处修筑敖伦苏木？有必要将达茂旗原本的部族说一下。

1000多年前，有个叫作汪古的部落自西边迁徙到了达茂旗，史称白鞑靼，定居于阴山的北边。汪古部被金朝委以重任——驻防金界壕②，抵御日渐强大、觊觎着中原的蒙古部族。

那么被向导称作是鬼城的地方，会不会是史料记载中的敖伦苏木呢？黄文弼认为有这个可能。为了印证自己的推测，黄文弼决定由外及内寻找证据。有如神助，几天后，黄文弼在草原上发现了一道有人工开挖痕迹且望不到边的界壕。经过考证，黄文弼认定，这就是金末元初汪古部驻防的金界壕。

比两个蒙古包的直径加起来还宽的界壕当初的深度在两米以上，这

---

① 达茂旗：达尔罕茂明安联合旗的简称，是我国内蒙古自治区包头市下辖旗。

② 金界壕：又称金长城，从公元1123年开始修建，直到1198年前后才最终成形，是规模宏大的古代军事防御工程。金界壕遗址于2001年6月25日被公布为第五批全国重点文物保护单位。

金界壕
蜿蜒曲折，贯穿达茂全境。

么宽、如此深，阻挡骑兵是没问题的。因为金界壕，蒙古铁骑对汪古部奈何不得，对金朝也难以形成战略上的优势。

蒙古大军后来是怎么越过金界壕的？史书上记载，为防御蒙古部族，金界壕建于金末，史书上还说，金界壕废弃于元初。既然眼前的堑壕就是金界壕，那么，敖伦苏木应该就在附近。金界壕为金所建，废弃于元初，这道堑壕如同鱼骨，曾经横亘于成吉思汗的咽喉，金界壕不但压缩了蒙古部族的战略空间，而且阻碍了蒙古部族向西、向南的扩展。

古城边有一条河，名为艾不花河。"不花"是汪古部对首领的谥称，艾不花河的意思是王者之河，古城依王者之河而建，可以肯定的是，古城的身份绝非一般。黄文弼找到的古城，看到的城边的河流，实际上已经触及了重大发现的界点。凭着丰富的考古经验和对散落在地的遗物的甄别，黄文弼认定，眼前的古城至少被荒弃了数百年。这座古城有可能就是敖伦苏木，黄文弼将这一发现公之于众。

盖山林：著名考古学家，探索、研究中国古代岩画第一人。

黄文弼的发现引起了世界学术界的关注，令人遗憾的是，因为联合科考队要继续西行，黄文弼只得放却了对古城的深入探究，而这之后，因为各种各样的原因，黄文弼没有再次驻足古城的机会，这成了黄文弼毕生的遗憾。

20世纪80年代初，我国另一位考古学家盖山林为了寻找古代岩画，常年爬阴山、踏草原。在这之前，国际学术界认定中国无岩画，但不信邪的盖山林断定，中国历史悠久，幅员辽阔，怎么可能没有岩画！很久以前，达茂旗境内的阴山经考古认定有远古人类生存的痕迹，于是，盖山林将阴山当作寻找岩画的突破口，孤身一人，数年踏寻，可惜一无所获。就在盖山林准备放弃的时候，一天，他在一户牧民家借宿。夜晚，盖山林睡在牧民家的土炕上，与牧民闲聊，牧民问："你整日在山里转悠找啥？"盖山林说："找刻在岩石上的画。"牧民说他家房后的山上就有刻在岩石上的画。第二天一早，牧民带着盖山林登上了一座裸露着岩石的小山。踏破铁鞋无觅处，得来全不费工夫，牧民说的没错，盖山林当真在一座岩石山上看到了古代岩画，初次发现像是捅破了窗户纸，接下来，新的发现接踵而至。

因为在达茂旗境内的阴山上发现了岩画，中国无岩画的学术谬误得到了更正。实际上，中国不但有岩画，而且堪称岩画的"富矿"。跟随盖山林的脚步，大江南北，西域岭南，学者们相继发现了难以计数的内容丰富的岩画，这事儿说起来简直不可思议。在没有摘掉无岩画帽子之前，岩画像是接到了统一号令全都藏起了身，可经盖山林将盖子一揭，井喷似的蜂拥而至了。

探查过了岩画，盖山林马不停蹄地走进古城，也就是先辈学者黄文弼发现的那座古城，为了完成黄文弼未完成的事业，揭秘古城的神秘面

▲
从刻画手法和内容看,阴山岩画涵盖了旧石器时代、新石器时代、青铜时代、铁器时代,时间跨度在万年以上,阴山可以说是记录古人所见、所想的大画布。

▲
大型石碾、石臼，用作碾压草料，这样的草料加工工具在古城内外多有存留。

纱，盖山林决定从对古城周边的历史地貌和古代遗址的调查入手。

古城中有怪石突兀，似天兵列阵。身处其间，即便是在白天，也会令人不寒而栗。调查发现，这里有古时采石的印记，而且距离古城遗址不远，也就是说，当初修建古城时，采石是很便利的。

古城内外，多见大型石碾和石臼。这种由牛牵引的大石碾，工作一天，碾压好的草料足够数百匹战马吃上数周。考古发现，达茂旗草原曾经水草丰茂，水量充润，但是，因为超负荷农耕和放牧，草原退化，土地渐贫，河水断流。

在出土的这块墓碑上（见下图），透过三种文字，考古人员了解到该墓的主人名叫阿兀剌编贴木郑思，是汪古部人，生前的官职是京兆府达鲁花赤[①]。墓碑顶部是一个十字莲花，在十字的两侧分别刻有月亮和太阳。考古人员在另一处元代贵族墓地出土的墓顶石上，也发现了十字莲花，两侧刻画的是唐代以来在中国最为流行的缠枝花纹，脊梁上刻着一行古叙利亚文，基本表达了三个意思：个人的职称、名字、职务。既有西方传来的景教，又有中原盛极一时的缠枝花纹，这与蒙古族善接纳、善融合的史料记载是一致的。

探究草原深处为什么会有元代贵族墓葬，有必要先说说金界壕为什么没能防得住蒙古骑兵这件事。史料记载，成吉思汗曾将敖伦苏木的汪古首领奉作"安达忽答"，也就是"兄弟加亲家"，他将女儿阿剌海别吉嫁给了汪古部的首领。汪蒙成了亲家，为亲家大开方便之门，理所应当。没有这次联手，蒙古大军就不可能在短时间内灭金并且西征，汪蒙联手是一个波及世界格局的大事。他们联手以后，汪古部的军队被编进了蒙古大军，与蒙古大军一起征讨世界，汪古部的骑兵是蒙古大军中一支强力战团，原本为金驻守达茂旗的汪古部成了黄金家族的一员。

达茂旗的汪古部首领成了黄金家族成员，不过，这座古城会是史书

[①] 达鲁花赤：蒙古语，意为"掌印者"，由成吉思汗设立，历史上的一种职官称谓。

▲
上图：元代贵族墓地出土的墓顶石。前端刻有十字莲花，两侧刻画的是唐代以来在中国最为流行的缠枝花纹，脊梁上刻着一行古叙利亚文，大意为：个人的职称、名字、职务；
下图：这块墓碑的碑文是用汉、蒙、叙利亚三种文字写成的。死者的名字叫阿兀剌编帖木郏思，是汪古部人，生前的官职是京兆府达鲁花赤。墓碑顶部是一个十字莲花，在十字的两侧分别刻有月亮和太阳。

记载的汪蒙联姻以后修建的敖伦苏木吗?为了验证眼前的古城到底是不是敖伦苏木,考古人员在对古城之外做了充分的考古调查,掌握了大量实物资料以后,接下来,盖山林决定深入古城,细致调查:第一,既然敖伦苏木的蒙古语意思是"多庙之城",那么古城址里有没有古庙遗迹?第二,敖伦苏木地处多种文化的集合点,古城里有没有多种文化集合的体现?

对古城之内的考古调查,除了勘察城内的街道布局、建筑格式、王帐所在、宗教构成,盖山林急切想要搞清楚古城的主人究竟是谁?到底是不是史书上记载的成吉思汗的三女儿阿剌海别吉?

▲
这墩出土于达茂旗木胡儿索卜尔嘎墓地的石塔顶构件上刻着景教的标志,这一发现与曾经生活在达茂境内及周边的汪古部笃信景教的史载相吻合。

那年秋天,风清云低,低低的云眼看就要和草粘在了一起。达茂旗民间有个说法,但凡云接着地,就会有大事发生。草原深处,一对中年牧民正在挖土打坯,临近晌午,牧民的铁铲下露出了一个铜质印章,挖出来,又大又沉。牧民蒙了,草原上有谁能用得起这样的大印呢?回到家,牧民找来了十里八乡唯一识文断字的教书先生,看过大印,见多识广的教书先生也蒙了,他不认识印章上的字,更断不准大印的来头。正因为教书先生看不懂,牧民断定,大印肯定很值钱,换三五匹大牲口应该不在话下。

牧民挖到大印并非眼前的事儿,而是60多年前1958年发生的。牧民将大印拿回家,静待买家,不承想,直到1976年,将近20年,硬是没能把大印卖出去。其实,牧民的这件意外所得,是个无价之宝,甭说三五匹大牲口了,即便是三万五万匹大牲口也不及大印的身价。

1976年夏天,考古人员在达茂旗草原做文物普查。中午,一行人走进了一户牧民家歇脚喝奶茶。草原上,不管认识不认识,但凡来人都是客。来者无意,主人有心,牧民觉得眼前的几个干考古的是有意而来

▲ 从这块柱础石的直径看,它所承托的柱子很粗,粗柱子撑起的屋顶很大,以至于置身草原,离得老远都能感受到城的壮阔与雄伟。

的，越想越不对劲儿，没等考古人员喝完头碗茶，心虚的牧民便拿出了大印。按《中华人民共和国文物保护法》规定，在我国境内出土的所有文物均属国家所有，牧民手上的大印自然要归属国家的。

考古人员从印文上看，铜印的主人并非帝王，只是个公主，是个充任着"监国"的公主。蒙元时期，哪位皇家千金当过"监国"，并把持过出土于达茂旗的大印呢？

前边我说过，为了笼络汪古部，成吉思汗将心爱的女儿阿剌海别吉嫁给了比自己还老的汪古部首领阿剌兀思。迎娶成吉思汗闺女的汪古部何德何能，能得到成吉思汗如此礼遇，竟成为成吉思汗导演了这场政治联姻的主角？

由嫁女牵扯出来的政治联姻，这在中国早已司空见惯。比如说两汉200多年间，就有17位汉庭美女被充作公主嫁进了草原。化干戈为"玉肌"，躲避战患，美女胜过了战将。

与汉庭皇帝截然不同的是，成吉思汗嫁女并非为了苟安，而在于强化实力。虽说这门婚事在外人看来极不协调，但是，因为嫁女，成吉思汗和原本敌对的汪古部结了盟。成吉思汗将心爱的女儿下嫁给一个外族老头儿，在其看来，抛出去的政治筹码，值得。

在汪蒙联姻之前，成吉思汗就已经完成了对东部草原的统一，而居于达茂旗的汪古部成了阻拦蒙古大军西进南下的屏障，就在这个档口，天遂人愿，发生了一件令成吉思汗都未曾料到的事情。1204年，汪古部首领阿剌兀思接到一封密信。看过密信，阿剌兀思局促不安了。放在阿剌兀思案头的密信是金的统治者送来的，金要求阿剌兀思设埋伏，配合金军攻打成吉思汗。是应和金攻打蒙，还是另做打算？阿剌兀思举棋不定，实际上，在这封密信到来之前，阿剌兀思对成吉思汗的雄才伟略早已倾慕，时年，腐败的朝廷已令金失去了往日的强盛，而蒙古大军在成吉思汗的统领下蒸蒸日上，权衡再三，阿剌兀思做出了关乎汪古，甚至是关乎蒙古命运的抉择——联手蒙军，打击金军。

跨过金界壕，蒙古大军挥师南下，灭了金。从这以后，汪古成了蒙军的战略伙伴。其实成吉思汗以及他的继任者很早都清楚一点：得汪古者得天下，于是，才有了前边提到过的，成吉思汗导演的那场不和谐、但极为奏效的政治联姻。

常言道：知女莫若父。为什么成吉思汗要将与自己感情最深的阿剌海别吉远嫁达茂旗、担当监国呢？在于成吉思汗深知阿剌海别吉的能力。根据当地牧民挖出来的大印，印文为"监国公主行宣差河北都总管之印"，"之印"二字说明此印并非帝王的"印玺"，阿剌海别吉虽为监国，但非国君，她只是替自己的父亲掌管国事，蒙古帝国真正的掌门人是成吉思汗。成吉思汗常年带兵征战，监国起到的是相当于当今留守部长的作用，阿剌海别吉没有辜负父亲的期望，她嫁到达茂旗后，对这里治理有方，确保了蒙古大军能的战略咽喉安然无恙。这也是蒙古大军能横扫亚欧，一个至关重要的原因所在。

▲
墓中出土的随葬物品，用金丝编织的蒙古袍，这证明了墓主人是汪古部的大首领。

那么身为监国公主，阿剌海别吉监的是达茂旗部，还是整个大草原呢？《蒙鞑备录》中说："汪古部，其国乃鞑主成吉思汗公主必姬权管国事。"必姬就是阿剌海别吉，这段话的意思是阿剌海别吉全权掌管整个国家的大事，所以阿剌海别吉监的是蒙古帝国的整个版图。而汪古成就了阿剌海别吉，如果没有汪古，就没有阿剌海别吉，但是，如果没有阿剌海别吉，也就没有了蒙古的强盛，世界史也会改写。

历史上，不少出嫁的公主都肩负着政治重任，阿剌海别吉促进了蒙古帝国霸业的稳步发展，不过，她的婚姻却历经坎坷。

阿剌海别吉嫁给阿剌兀思没过多久，年迈的新郎就撒手人寰了。按照史书上的记载，汪古部的权利过渡充满了血腥。贵为公主的阿剌海别吉带着阿剌兀思年幼的儿子逃离达茂旗，幸好成吉思汗及时掌控了局势，阿剌海别吉才得以再回达茂旗。依循蒙古族的婚制，阿剌海别吉再婚，此番的新郎是阿剌兀思的长子，名叫不颜昔班。以年龄看，不颜昔班与阿剌海别吉倒是般配，但是好景不长，不颜昔班死于内乱。再后来，阿剌海别吉与阿剌兀思的侄子再婚，但是，阿剌海别吉还没来得及与新婚丈夫感受恩爱，这位新郎也死于内乱。第三任丈夫死后，阿剌海别吉第四次结婚，此番再婚的丈夫名叫孛要合，是阿剌兀思与先前的妻子生的儿子。如同第一次婚姻，此番姻缘又是令人悲戚的。婚后没过多久，阿剌海别吉又守了寡，守寡的原因还是内乱。

婚姻的不幸，反倒使得阿剌海别吉愈发地强悍起来，《蒙鞑备录》中记述："今领白鞑靼国事，日逐看经，有妇女数千人事之。凡征伐斩杀，皆己出。"阿剌海别吉组建了一支由数千名女兵组成的军队，为巩固蒙古帝国的大后方，这支有生力量起到了举足轻重的作用。成吉思汗伟大，阿剌海别吉亦是伟大，那么，伟大的阿剌海别吉长什么样？

根据贵族大墓出土的头骨，考古人员经过半个月的努力，复原的图像出来了，令考古人员失望的是，图像显示这是一位只有30岁的年轻妇女。身为监国，四番婚姻，史料记载，阿剌海别吉卒于51岁，这不是阿剌海别吉的面相。汪古被称为白鞑靼，是自西而来的白种人，而考古人员根据贵

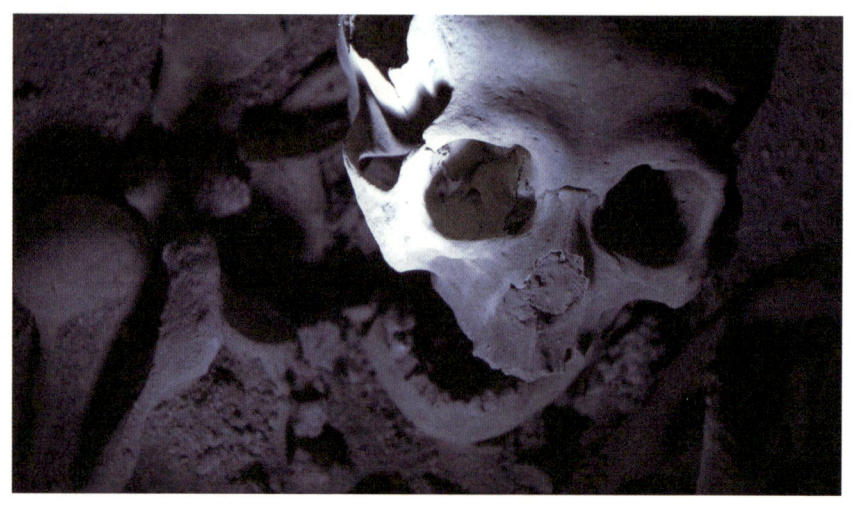

▲
这颗头骨出土于古城不远的贵族大墓,经考古判定是位女性,阿拉海别吉长什么样?考古人员尝试着以刑侦学办法,依据这颗头颅复原阿拉海别吉的相貌。但结果显示,这并非是阿拉海别吉的头骨。

族遗骸复原出来的人像显现着黄种人的特质;再有一点,通过检测,考古人员发现,被检测的样本生前的营养状况是不错的;而且,从体质上看,被检测的样本个体没有长期从事体力劳动的特征,所以说,被检测的样本应该也是一位远嫁汪古的蒙古族公主。

阿剌海别吉监的是整个蒙古国,关于这一点,古城能体现得出来吗?前面我提到了敖伦苏木的蒙古语意思是"多庙之城"。考古发现,这儿不但有佛教、道教、儒教,还有来自西亚的景教。从这一点可以看出,阿剌海别吉当政期间,采用的是宽容大度的民族政策,国策有着很强的包容性。

被牧民挖出来的铜印,长108毫米,宽107毫米,高63毫米。黄铜质地,重1400克。印背有一直纽,纽上刻着一个汉字"上"。印文为阳刻篆体。"监国公主行宣差河北都总

▲ 在对古城的调查过程中，考古人员用上了地探仪。地探仪探过的疑似区域，考古人员做细致地考查。

▲ 倒塌的佛塔，掩埋在泥土下面的擦擦和泥塔，这是典型的佛教寺庙的器物。

▲ 景教教堂的典型器物。

管之印",3行,14个汉字。汉字中间包裹着两行蒙文,可惜铜印损伤严重,一时间难以辨认蒙文文字。身为监国,阿剌海别吉为什么要使用蒙汉双文的大印呢?解答这一疑问并不难,因为阿剌海别吉监的国,囊括了大片的汉族聚居地区。我会在后几段详细解答这个问题。

　　回过头来,再来探究一下这方大印。首先,它为什么会在达茂旗草原深处出土?其次,它上边的汉字"上"的表意是什么?再有就是中间的蒙文写的是什么?以及它为什么要采用阳刻篆体篆刻。咱先探究第一个疑问,大印为什么会在达茂旗草原深处出土?

　　800多年前,阿剌海别吉为监国时期,发号施令的地方是敖伦苏木,那么大印怎么会跑到40千米之外的草原呢?实际上,在阿剌海别吉监国期间,达茂旗从来就没有清静过,部族叛乱、自然灾害,可以这样说,阿剌海别吉没过上一天安稳日子,但一次次,阿剌海别吉都能化险为夷,确保了蒙古大军后院的安全。那么大印为什么会在草原深处出土?可以做出这样的推测:阿剌海别吉死后,铜印被随葬进了墓穴,后

監國公主入
宣差河北
都總管之印

▲ 阿剌海别吉的铜印。

来墓穴被盗，大印流落到了民间。再后来，盗墓人赶上了战乱，持有大印唯恐招致灾祸，便将大印藏了起来。有可能，藏大印的人死于战乱，于是，便没人知道大印的去处了，以至于有了前边提到过的大印被牧民挖出来的事。

有了大印，阿刺海别吉可以制止战乱，因为战乱，大印遗失到了民间，再因为战乱，大印失于藏匿，牧民挖出大印绝对是偶然，但偶然隐含着必然的因素，这就是盗掘大印的人和持有大印的人都不想将大印带出达茂旗，大印是达茂旗历史的见证，它是不能离开达茂旗的。

印纽上的汉字"上"，考古人员曾做了这样的试验，将"上"摆正，印也是端正的，那么"上"字有表示方位的功能。再有，也就是最关键的，这个"上"字有彰显拥有者地位的意味。大军在外，身为监国，阿刺海别吉有着绝对的权力，史书上说，阿刺海别吉曾指挥过其三叔哈萨尔的军事行动。阿刺海别吉称得上是一个具备雄才大略的女子，因为她的坐镇，蒙古大军才能无后顾之忧地在前线作战，蒙古大军横扫亚欧，阿刺海别吉在其中扮演的是一个举足轻重的角色。

前边我提到过，因为损伤，大印上的蒙文难以辨认。考古人员将寻找与大印有关的文书作为破解大印上蒙文表意的突破口。但是，费尽周折，考古人员也没能找到加盖过这方大印的元代文书。大印上的蒙文究竟是啥，目前成了一个谜。但是，从汉字和篆刻形式上，考古人员还是能有所判断和发掘出一些信息的。

我们都知道阳刻篆体是帝玺的专用，从春秋战国到秦汉唐宋，再到元明清，帝玺几乎都是采用阳刻篆文刻制的。阳刻篆文大气、厚重，以篆文刻制帝玺可以彰显帝王的权威。阿刺海别吉官印的阳刻文是对历代王朝先帝做法的继承，也是中国帝玺一贯制的体现。

至于大印上的印文，有一点令人费解，就是我前面解释了一半的问题。阿刺海别吉监的是整个蒙古帝国，但为啥行使职权所用的大印上却是蒙汉文并用？阿刺海别吉监国，主要职责是为大军提供军需给养。考古发现，敖伦苏木周边的草地曾被过度开垦，但达茂旗处在半干旱地区，农作物的产量不高，蒙古大军所需的大量粮草应该是来自阴山以南的广大农区的。阿剌海别吉身为监国最主要的职责是向前线提供粮草，而多数粮草来自汉中和华北，大量农耕民，也就是汉人成了阿剌海别吉的从令者，而且，这些地方的很多官员都是汉人，对这些人行使权力当然要用汉人看得懂的凭证，也就是汉字的印章了。

　　探究大印为什么要用蒙汉两种文字，疑问搞清楚了，但是，既然汉中为蒙古大军最为重要的物资供应地，为什么蒙元的统治者还要将管理中心放在敖伦苏木，而不是挪至富裕的汉中呢？前边我说过，达茂旗对各个方向都存在战略上的优势，这是蒙元将战略中心设置在达茂旗的战略原因；不过，敖伦苏木并非长久受到统治者的青睐，元建都北京以后，敖伦苏木不再得宠了。忽必烈建元，都北京，敖伦苏木失去了往昔的战略作用；再后来，敖伦苏木没了人烟，原因是，元末，红巾军打进了达茂旗，红巾军先是将敖伦苏木洗劫一空，然后，将城里的居民驱散了。于是，敖伦苏木没了。

第二件事儿

甑皮岩
一住就是5000年的家

▲
蒋忠瑜（右）
广西壮族自治区文物考古研究所研究员，毕业于北京大学考古专业，投身考古事业已然超过了一个甲子。1965年，时年23岁的蒋忠瑜参加了甑皮岩遗址的第一次考古发掘工作。

在我们考古界有这样一个说法：北看山顶洞，南看甑皮岩。广西壮族自治区桂林市的甑皮岩遗址，在学术界有着很高的地位。

山水甲天下的桂林就像一个大盆景。按当地人的说法：凡山就有洞。经考古调查发现，桂林有洞将近1000个，其中有近三分之一的洞被古人当作过居室，这里面最典型的当属甑皮岩。我们说，中华民族5000年文明史，而古人以甑皮岩为家，一住就是5000年。

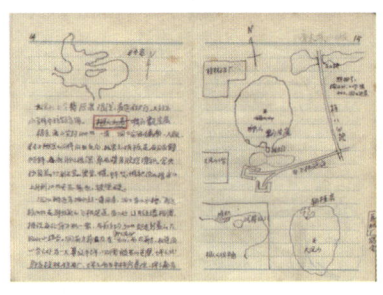

▲
蒋忠瑜珍藏了60年的发掘记录
字里行间透露着老一辈考古人的执着与认真。考古人的笔记本，俨然成了文物。

想当初，发现并发掘甑皮岩遗址，可谓历经坎坷，一波三折。

我们找到了当初参与文物普查时，发现甑皮岩的团队中的蒋忠瑜老师。当时正值1965年，广西壮族自治区文物考古研究所在桂林做考古调查，年仅23岁的蒋忠瑜参与其中。据蒋老师说，当时考古工作的艰苦程度是当今年轻人想象不出来的，他当年住在城里（当时的桂林城区面积还不及现在的十分之一），每天带着自己做的干粮，天不亮就得起床去赶长途汽车。下车后，调查现场常是荆棘遍布的沼泽地；中午，就着溪水吃口干粮，晚上再赶回住地，抓紧时间做好当晚的饭和明天的饭。

这天，考古队走到一个叫作独山的山根处，考古人员发现了在距离地面六七米高的地方有一个岩洞，决定进去看看。当时的洞口很矮，得爬进去。在洞里，考古人员采集到了不少显示着早期文化特质的陶片、石器、蚌器和骨头，这里随之被确认为是一处古代人居住的遗址。因为当时的时间和经费有限，考古人员没有发掘这处遗址。

▼
该岩洞被称作甑皮岩。

深挖洞、广积粮。20世纪70年代，桂林地区开始修筑人防工事，而岩洞成了修筑防空洞的最好的选择，距离桂林市区不远的甑皮岩当然没能幸免。听说施工人员正在开凿甑皮岩，市文管会的考古人员迅速赶到现场，只见甑皮岩洞口浓烟滚滚，爆破之声不绝于耳。考古人员马上制止了工人对甑皮岩的爆破，并向市革命委员会汇报了此事。革委会马上批复：停止甑皮岩的施工。制止了防空洞的施工，考古人员进入甑皮岩，开始了对甑皮岩遗址的抢救性发掘。

堆积在一起的古人的遗弃物，在考古学上称之为"文化层"。甑皮岩里的"文化层"厚度将近5米，随着年代的更迭，层层堆积就像是无字天书，记载着甑皮岩古人生活的方方面面，极具考古价值。对甑皮岩遗址的首次发掘，历时三个月，出土器物难以计数。

▼
中华田园螺
这种食物在桂林的河汊里应有尽有，甑皮岩人常以此为食。

$$\begin{array}{|c|c|} \hline 1 & 2 \\ \hline 3 & 4 \\ \hline 5 & 6 \\ \hline \end{array}$$

1. 骨匕，就是喝汤用的勺子。
2. 铲形骨器，这应该是一把餐具。
3. 石器，甑皮岩遗址中既有纯打制的石器，也就是旧石器，也有打制后再磨制的石器，谓之新石器。
4. 蚌器，器边锋利，这应该是收获茎块类作物之用。
5. 兽牙，甑皮岩人用它做什么？没人说得清。
6. 漓江鹿的鹿角，这一物种早已灭绝。

甑皮岩人下河捞螺，河应该不会离居住的洞太远。考古调查，古人是择洞而居，所以说并不是所有的洞都能被古人当作居室。以洞为居，洞就必须具备三个条件：其一，高出地面7—10米，如此，既能防水患，又能保持洞内相对干燥，还能有效地抵御野兽和外族的侵扰；其二，洞口有水源，便于取水和捕捞水中生物；其三，朝阳，既有较好的日照采光，又可躲避冬日北风袭扰。只有具备了这三个条件，洞才会被古人使用。

▲ 屈身蹲葬，甑皮岩人将死了的亲人以这种方式埋在洞穴，也就是居室里。有学者认为以这种姿势下葬为的是复原婴儿在母体里的样子。

考古那些事儿

以洞为家，依水而居，世世代代，古人在甑皮岩竟然住了5000年，相当于中华文明史的时间跨度。不过，也有例外。有一处叫作大岩的洞，洞口朝北，也被古人选用当作居所。其实古人选择这个洞来居住是有原因的：第一，洞口并非朝向正北，是略偏东，早晨可以被阳光照到；第二，洞的北边的山挡住了北风；第三，洞内有暗河，取水取食都很方便。

1973年，首次针对甑皮岩遗址的发掘可谓大获成功，不仅出土了最为直观的室内屈肢蹲葬的葬俗，还发现了最早的家猪饲养和最早的水稻种植实证，就此，甑皮岩遗址被确定为是一处上至旧石器时代晚期，下至新石器早期的古人类居住遗址。

甑皮岩遗址的发掘轰动了学术界，却也引发了强烈的质疑声，原因在于碳14测年法的介入，其结果令人大跌眼镜。地层关系中，发掘采自洞内下层的样品，经过碳14的测定，其年代竟比上层的距离今天更近！文化堆积，只能是越往下年

▶ 傅宪国（左）
河南济源人，毕业于中山大学考古文博学院。

代越早，怎么可能倒过来，上层的更早，下层的更晚呢？客观存在的文化堆积不会出错，出错的只能是考古人员。甑皮岩遗址固然重要，但因为发掘中出现的这个闪失，成了遭人讥讽的笑柄。直到2001年，因为一个人的介入，戴在甑皮岩遗址头上的尴尬的帽子才终于被摘了去，这个人就是任职于中国社会科学院考古研究所的傅宪国。

　　在考古界，考古人对傅宪国的评价是性格耿直不会拐弯，无论谁、在什么场合，但凡看到有人干出"出格"的事，他都会毫不留情地指责，因此，得罪了不少人。但傅宪国的工作态度冠以"拼命三郎"一点儿也不过分。2001年，在发掘桂林的几处洞穴遗址以后，傅宪国突发奇想：为什么不再深度发掘一次甑皮岩呢？然而，这个想法得到最多的是反对之声，就连考古界的泰斗级人物张忠培先生、严文明先生都对傅宪国明确表示，甑皮岩是一处国宝级文物保护单位，虽说前番发掘出现了很多纰漏，但如果再次动土，挖好了，皆大欢喜，挖不好，不仅自毁声誉，也对文物造成不好的影响。前辈苦劝，师长忠告，同辈阻拦，当时，能够理解和力挺傅宪国的这个"非分之想"的只有一个人——时任社科院考古所副所长王巍。绝大多数人的反对，反倒激发了傅宪国发掘甑皮岩的决心。实际上，傅宪国就是这么一个人，赶上事，反对的人越多，他往往越要坚持。其实，傅宪国这么做并非一时心血来潮，而是基于深入的调查和思考后做出来的，至于说他做的是怎样的调查？做的是怎样的思考？本文的后边有所涉及。

　　接下来，傅宪国多次登门张忠培先生家，多次拜访国家文物局的领导，许是被傅宪国的执着打动了，国家文物局特批了他的发掘申请，但仅允许发掘10平方米，就此，对甑皮岩遗址的二次发掘终于在非议、争议和讥讽声中拉开了帷幕。10平方米，还不及时下许多人家厨房的面积大，对考古发掘来说，亦是前所未见。

　　不同于其他项目的考古发掘，洞穴考古异常艰苦，据参与了2001年发掘工作的考古人员说，蹲在洞里，最烦人、让人受不了的一是蚊虫叮咬，二是湿闷的空气，再有就是地下水时高时低，高的时候，得站在泉水里发掘，冰凉刺骨，而且洞里古人吃剩的螺壳随处可见。

三个月，整整三个月，发掘工作基本完成，虽是彻底搞清楚了（或者说彻底捋清了）遗址的地层关系，但并没有实质性地超出1973年发掘时发现的范畴，这与傅宪国的初衷是相差甚远的。那段时间，傅宪国很烦闷，据参与发掘的同事事后说，当时，谁也不敢和傅老师多说话，不知道哪句话会惹恼他，引起他的破口大骂。刚好那些天下起了大雨，发掘面被水灌得满满的，没法继续发掘了，考古人员整理发掘资料，傅宪国却不见了，他没和任何人打招呼，自顾自地开车跑到数百千米外会见老朋友去了。对于这事，傅宪国后来说，当时他特别烦躁，想找个地方散散心。

　　到了老朋友那儿以后，三杯高度酒下肚，傅宪国忽然悟出了点什么，饭也不吃了，酒也不喝了，找了个当地的司机，当晚又返回了甑皮岩考古工地。傅宪国悟出了什么？

▼
第二次发掘甑皮岩。

咱前边说了，傅宪国是经过深入的调查和思考以后，才下决心二次发掘甑皮岩的，调查和思考，在于他里里外外将甑皮岩遗址彻查了个遍。傅宪国推测，遗址中最为关键的部位，也就是能够真正彰显这处岩洞遗址更为显赫的文化面目的地方还没被触及，因此，他要在一片反对声中实现自己的初衷。

那么，傅宪国找朋友喝酒究竟悟出了什么呢？照他的话说，在一处发掘面发现了鹅卵石。当时推测，这已经到了地面，这会儿想来，鹅卵石绝不是自然铺就的，而是人为的。既然是人为的，石头的下边就有可能有古人生活的印记。第二天一早，傅宪国第一个钻进洞，掀去鹅卵石，果真如昨晚的推测那样，下边竟然还有"文化层"，有古人生活的印记。细细发掘，奇迹发生了，现身了一块巴掌大小的陶片。依据陶片的形态，傅宪国认定，这应该是从一口锅样的器物上散落下来的。陶片被送去检测，结果显示它距今已有12000年历史了！我们说，考古不是寻宝，这句话有两层含义，其一，考古在于探究历史，因此，出土了多少亮眼的宝物不是

▶ 12000年前，甑皮岩人就懂得了陶器的制作，陶片散落于锅样器物，随之，陶片原本的锅被誉为"天下第一锅"。

考古唯一的目的；其二，考古发掘出土的"价值不菲"的宝物，有可能是金银玉帛，亦有可能是一般人根本看不上眼的陶片等，甑皮岩出土的12000年前的陶片，对于考古人员来说，称得上是无价之宝。

与1973年，也就是第一次发掘不同的是，2001年对甑皮岩遗址的二次发掘，傅宪国请来了体质人类学、植物考古、动物考古等国内顶尖专家的参与，再加上自然科技的介入，极大地丰富了考古发掘的研究手段，并且颠覆了首次发掘时宣称的部分"重大发现成果"。比如，动物考古学专家的介入，否定了首次发掘的甑皮岩人已经懂得了家猪饲养的认定；植物考古学专家的介入，否定了第一次发掘做出的甑皮岩人已经懂得了水稻栽培的认定。

国际植物考古权威专家赵志军与傅宪国在一起反复查看为数众多的史前遗址的蚌器之后，赵志军顿有所悟，古人不厌其烦地制作蚌器，在于挖取块、根、茎类作物，而仅仅是为了采集野生的块、根、茎类植物的话，没必要制作那么多蚌器。赵志军推测，西辽河流域的古代先民发明了旱作作物的种植方法，长江流域的古代先民发明了水稻的种植法，而生活在岭南的古代先民发明了块根茎类作物的种植方法，只有形成了大面积的种植，他们才会需要大量的专用工具——蚌器。

1978年，桂林甑皮岩遗址博物馆建成。作为史前洞穴遗址博物馆，甑皮岩遗址博物馆在吸引大众眼球、普及考古知识上走出了一条切实可行的路子。就展品和遗址的可观赏性来说，不仅具备吸引眼球的特质，而且进入博物馆的人可以体验甑皮岩人的生活、生产方式，了解古老的历史意义非凡。

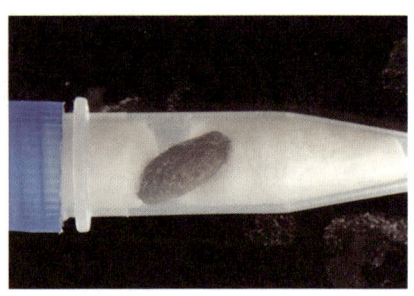

▶ 这是一颗碳化了的桂花种子。甑皮岩人有可能采摘桂花调味餐食。

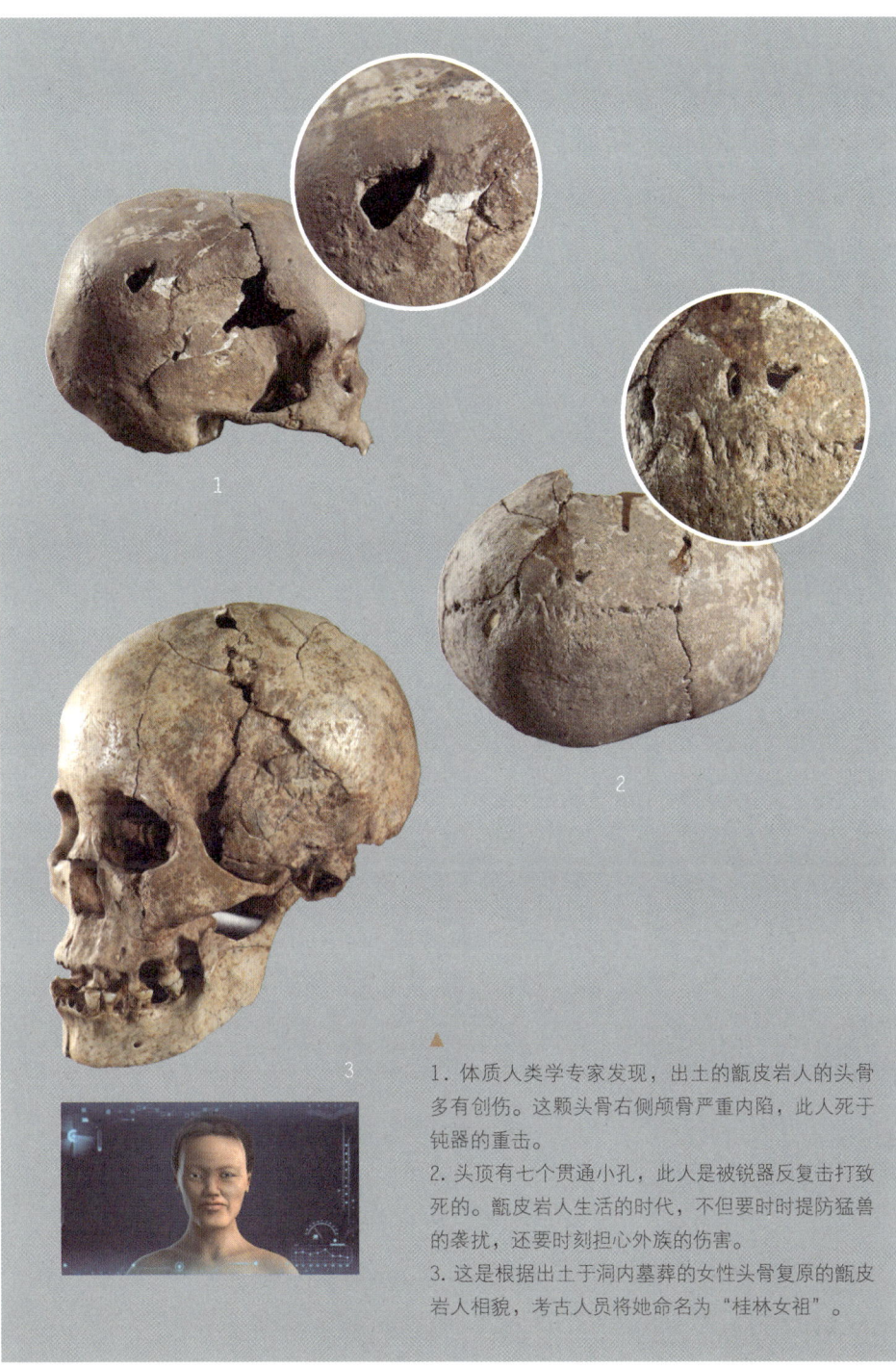

1. 体质人类学专家发现，出土的甑皮岩人的头骨多有创伤。这颗头骨右侧颅骨严重内陷，此人死于钝器的重击。
2. 头顶有七个贯通小孔，此人是被锐器反复击打致死的。甑皮岩人生活的时代，不但要时时提防猛兽的袭扰，还要时刻担心外族的伤害。
3. 这是根据出土于洞内墓葬的女性头骨复原的甑皮岩人相貌，考古人员将她命名为"桂林女祖"。

第三件事儿

敖汉问祖

中华文明的太阳在此升起

▲陶人

出土于内蒙古敖汉旗,距今5000多年的红山文化遗物,国宝级文物。

陶人双眼圆睁,两腮略鼓,嘴做鼓气状。蒙古族呼麦的专业演员在演绎时就如此。红山人为什么要将陶人塑造成这等模样?令人费解。

我曾将上图这个陶人的照片给一个30年前毕业于中央美院雕塑系的朋友看,他只瞄了一眼,这位仁兄便扔下手中的事儿,径自跑去了敖汉。回京后,他对我说,陶人不仅是国宝,而且绝对是一件幽与尤的集合体。我问他,何以如此概之?他说,他也说不清楚,但有一点,他信誓旦旦,即便把当下全世界最高档次的雕塑大师请来,也复制不出来如此圣物!

陶人上身健全,下身孱弱,有学者推测,陶人的原型是一个小儿麻痹症患者。如果陶人的原型当真患有小儿麻痹,这倒是一个值得说说的话题。

史前,由于生产力低下,族群无法养活多余的,特别是有先天残疾的族人,对于出生即为残疾的婴幼儿,通常的做法是将他们杀死。为了生存,有些族群甚至有意控制女婴的数量,原因在于,女人在与野兽的搏斗中远不如男人善战,猎到的野兽比男人猎得少,族群里留下的女人,仅够人口繁衍。在下一本书中有一篇《呼斯塔考古》中,我曾提到过一位疑似被肢解了的祭祀牺牲,后经体质人类学专家辨查,死者是一位年老多病、几乎瘫痪的老太太。考古队员依此推测,残疾老太太有可能是族群里的神职人员,也就是巫,而且老太太的尾椎骨上甚至被砍了两刀,使得原本就行动不便的老太太彻底站不起来了。还有一个实例也是收录到下一本书中的,《华夏第一村与令人恐怖的耳环》一文中我提到过,内蒙古敖汉旗兴隆洼聚落遗址中,曾出土过一颗少女的头骨,少女的右眼眶里被塞进了一枚玉玦。玉在兴隆洼人看来是神器,将神器塞进少女的眼眶,则少女就具备了洞察神界的能力。实际上,原始社会时期,一些残疾人因为有着高于一般人的智商,而又没有能力参与狩猎和采集,为了活下去,常会臆造出神异的情景和怪诞的言论,致使迷茫于自然现象的族人笃信起了残疾人的说教,于是,这些残疾人被尊为有通神能力的巫。如果敖汉陶人的原型当真是残疾人,那他应该也是有别于常人的巫。

陶人怪异,实际上,它的面世同样充满了怪异,甚至荒诞。

那是2015年的夏天,考古人员在敖汉旗兴隆洼做红山文化聚落遗址

▲ 兴隆洼聚落遗址。

的考古调查。

说到这个兴隆洼，在考古界绝对称得上是赫赫有名，这里有被誉为"华夏第一村"的距今8200年的聚落遗址。兴隆洼的名声大，还在于这个乡隶属敖汉旗，就敖汉旗来说，既有距今近万年的小河沿文化遗址，又有7600年的赵宝沟文化遗址留世、距今5000年的红山文化遗存、距今4000多年的夏家店文化遗址存留，可以这样说，上至史前下至元明清，古代遗址在敖汉旗应有尽有。

1992年，为了拍出俯瞰的照片，考古队从河南安阳航空学校租来了热气球，没曾想，那些天大风不断，热气球起不来，盼星星盼月亮，终于在一个礼拜后的某天下午，风忽然不刮了，队员们抓紧时间登上热气球，拍摄了这张珍贵的照片。

话说考古人员在做调查的时候，意外发现了几块奇形怪状

▶ 将发现的陶片稍事粘对，竟然是小半张人脸。

的陶片。在兴隆洼做发掘和调查最常见的古代遗物就是陶片，很多情况下，考古人员根据陶片的文化属性判定遗址的性质，所以见到陶片本不足为奇，但此一番非彼一番了。

考古人员直接用手刨地，两个小时的工夫刨出来56块陶片。当夜，考古人员驱车130千米赶回了县博物馆。刨来的陶片绝非寻常，为什么会有人脸？将陶片组合在一起会是一件什么样的器物？考古人员顾不得回家，连夜粘对。未曾想，好事多磨，粘对陶片的黏合剂没有了。敖汉到赤峰100多千米，第二天一早去买，买回来也得到中午了，一不做二不休，往返400千米，考古人员驱车通辽，在自治区考古所的一处工地上借来了黏合剂。

考古队员回到县博物馆时天都快亮了，大家大气没来得及喘，将陶片摊在桌上，开始粘对。

和其他学科一样，但凡有了重大发现，参与人员都会"忘乎所以"，三天三夜，考古队员硬是没迈出过县博物馆，散碎的陶片终于被粘对了起来。

粘对完成，考古人员大惊失色！

陶人是什么时候、谁制作的？考古人员再次来到兴隆洼，在刨出陶片的地方开了一个10米×10米的探方。结果挖了不到半米，出现了一个20多平方米的房址，根据房址里出土的陶罐碎片，考古人员推测，这里曾

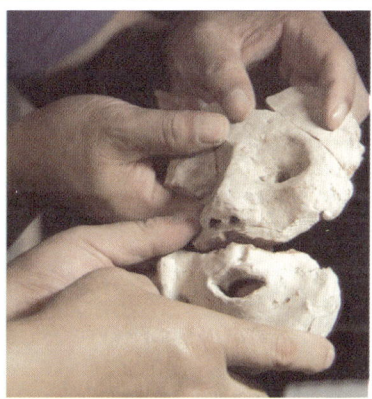

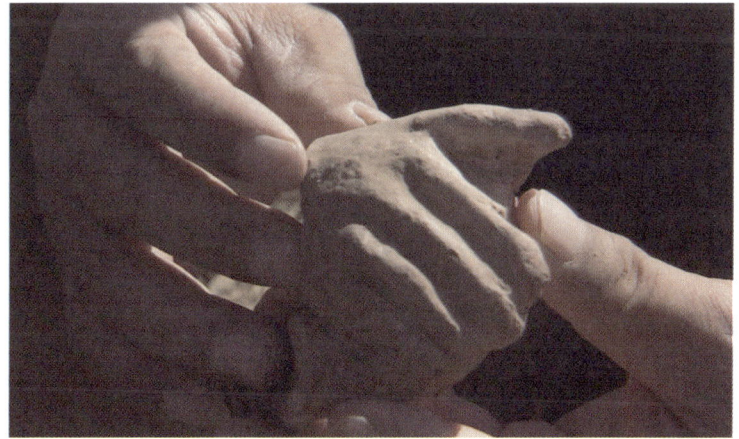

▲ 考古人员粘对陶片。

▲
陶人最初残缺不全的样子。

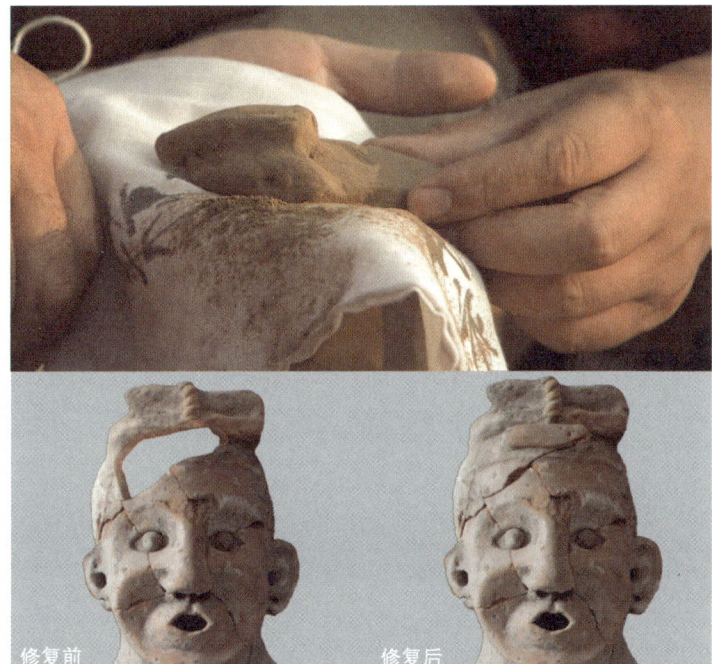

▶

陶人脑门儿部位的陶片
考古人员在发掘区里找到了陶人脑门儿部位的陶片。

修复前　　　修复后

▲

粘对上了脑门儿和两臂缺失的部分陶片后,陶人愈显生动。照片里的两个人,红衣者叫刘国祥,中国社会科学院考古研究所研究员,先前说过对红山文化遗址的调查发现了陶人,这项工作的负责人就是刘国祥。蓝衣者叫田彦国,敖汉旗博物馆馆长。老田说,他是考古界最忙的馆长,因为关乎敖汉的考古和文物保护的事太多了。

有过一座红山文化建筑，令人称奇的是，房屋的一角出土了几块陶人身上缺失的陶片。就此，陶人的文化所属被确定了下来——红山文化遗物。

前些年，国家出台了允许社会力量兴办博物馆的政策，使得很多散落在民间的各个时期的文物被有效地保护了起来，身为县级单位，敖汉有私人博物馆四座，这在国内来说是少见的。

事情总该完结了吧？没完！出土了陶人的地方原是老百姓的耕地，动了人家的地总得给人家个交代才是。考古人员选了个好天，在县里最好的餐馆打包了几道好菜，赶到耕地承包户的家。一进门，考古人员傻了，躺在炕上的是两个30岁上下的智障汉子。看到家里来了外人，其中一个跳起身，冲开考古人员，跑出了屋，剩下的一个仍躺在炕上，茫然地瞪着眼睛，自顾自地傻笑。

考古队员还未开言却呆住了——眼前的汉子似曾相识，好像在哪儿见过。突然，大家异口同声：陶人！眼前这位汉子竟然和陶人有几分相像！

就在大家犯蒙的时候，一男一女两个中年村民和刚才跑出去的智障汉子一起进了屋。问明考古人员的来意，中年女村民开了腔，说这两个汉子是她弟弟，她父母生了一女四男五个孩子，四个男孩都是智障。四个智障兄弟已经死了两个，剩下这两个原本由父母照料，年初，父母在一周之内相继去世，眼下，他们两口子担负起了这两个弟弟的吃喝。考古人员问："兄弟二人的地谁在种呀？"中年女村民说，原来是父母种，只种些小米、荞麦好照应的粮食。父母去世以后，他们两口子接管了那片耕地。好多年了，年老体弱的父母都是浅耕，他们将父母和弟弟的耕地接管过来，为了增加粮食产量，雇来大机械对土地做了深耕。

耕地由浅耕变为深耕，浅耕时，没有触及藏身耕地下边的陶人，深耕将陶人翻了出来，这也就是陶人为什么会在土地变更了耕种人以后现了身的原因。对此，考古人员突发奇想：智障兄弟的父母或许是上天指派的陶人守护者，二老去世，意味着藏身黄土下5000多年的陶人终将面世。

聊着聊着，考古人员忽然想起买来的饭菜，赶紧跑出去，自车上取来摆在了炕桌上，没承想，智障兄弟就是不肯动筷，看都不看一眼。

▶ 右边的新房是县里给盖的扶贫政策房，与旧房的间距有1米多，比旧房高1米多，任何人很难借助旧房登上新房。为了疏通烟道，两兄弟上了新房房顶，他们是怎么爬上去的？众人想不明白。

中年女村民抱歉地说，她这两个弟弟从没见过饭馆的炒菜，所以不感兴趣。这时有个考古人员想起车上还有前些天加班时买的方便面和火腿肠，便去车里拿了来，两兄弟见到方便面和火腿肠，眼睛一下子亮了起来，抢过方便面，径自走到堂屋的灶前，往大铁锅里倒了些水，着手烧水泡面，可火怎么也生不着，岁数小一些的智障汉子跑出了屋。过了一会儿，考古人员和他们的姐姐、姐夫听到院外有人大喊，大家赶紧跑出来，岁数小一些的智障汉子站在房顶，手里挥舞着一根棍子，嘴里发出"呀呀"的恐怖尖叫声。

有村民扛来梯子，智障汉子下了房，大家问他怎么上的新房，他咧着嘴"嘿嘿"傻笑了两声，跑进屋和他哥哥争食方便面去了。午饭时，考古人员和他们的姐姐、姐夫吃的是从县里带来的饭菜，两兄弟吃的是方便面、火腿肠。

就在考古人员起身告辞的时候，岁数小一些的智障汉子突然转过身，从粮柜里翻出了一截陶棒递给考古人员，考古人员再次惊呆了：竟然是陶人缺失的左大臂上的一截！

离开了智障兄弟的家，考古人员久久不能平静，老两口

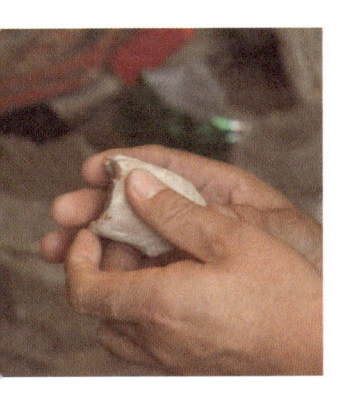

▲ 陶人缺失的左大臂上的一截。

生了五个孩子，竟然有四个智障；为什么智障汉子与陶人的长相十分相像？智障汉子是怎么爬到屋顶上的？他是怎么得到陶人的断臂的？干吗要将陶人的断臂藏在粮柜里？为什么陶人偏偏藏身于只有能力浅耕的老年夫妇家的耕地里？考古人不信邪，但眼前的情景却又令人不得不产生联想，这户人家和陶人到底有着什么样的关联？

回到县里，考古人员仍旧顾不得回家，立刻粘对从探方中发掘出来的陶片和智障汉子捐献的陶臂，粘对后的陶人愈发完整了。

敖汉出土了红山文化时期的陶人这个事引起了轰动。2016年5月，来自国内几十位顶尖专家及新华社、《人民日报》、中央电视台等多家媒体齐聚敖汉，与会专家充分肯定了陶人的学术意义，一致认定，陶人属红山文化顶级文物，彰显出来的是王者的气度，随之，陶人被尊为"中华祖神"。

2017年，敖汉旗人民政府在"中华祖神"的发现地点盖了一个放大了的红山人居所式样的博物馆。

陶人显现出来的美学意义是当今人们无法企及的——5000多年前的古人具有强大的美术创作能力和丰富的想象力，再有就是，陶人对研究社会发展史亦有重要的学术价值。

陶人是红山文化遗物，但红山文化是怎么回事呢？

20世纪初，日本人鸟居龙藏在内蒙古赤峰市郊外一个叫红山的山上发现了一些显示着史前文化特质的陶片。1930年，梁思永（梁启超之子）收集了鸟居龙藏的资料，推测红山应该有过一段不为人知的史前文明。20世纪50年代，著名考古学家尹达先生认定：赤峰地区的史前文化属长城南北接触产生的一种新的文化，"红山文化"就此得名。红山文化以辽河流域的支流西拉木伦河、老哈河、大凌河为中心，分布面积20万平方千米，距今5000—6000年，延续时间2000年。

来看看出土的几件具有代表性的"红山文化"文物。

5000年前，久旱未雨，陶人被用作侍奉天神的祭物。陶人营造出来的氛围，神秘而且诡异。祖先的灵魂从孔洞中游离出来，飘忽在生者中间。5000年来，中华文明生生不息，原因在于，世代中国人保持着同样的信念，这就是，祖先永远是与生者同在的。面对5000年前的祖先，当今的人们，唯有敬重。

因为发现了最早的用玉实证、最早的龙形图腾和最早的旱作农业实物，敖汉被学术界称作"龙祖，玉源，谷乡"，而"中华祖神"的现身，再一次震惊了学术界，对于敖汉在中华文明进程中充任的角色作用，考古学界泰斗苏秉琦先生曾说："敖汉是中华文明太阳升起的地方。"

▲
红山
赤峰市郊的一座孤山，因这里呈现了一个独特的史前文化，这个文化遂被命名为"红山文化"，因为红山文化，这座山名扬天下。

▲
女神像,泥制,双眼为玉,出土于牛河梁红山文化女神庙。

▲
玉猪龙,这是红山文化墓葬中出土的典型的器物,大耳,猪吻,怒目。

▲
玉凤，形似大雁，有学者认定，这是凤凰的原型。

▲
玉人，双手置于胸前，做虔诚状。

第四件事儿

惊世大发现

海昏侯大墓中那口帝王牙

▲
海昏侯墓发掘工地。

江西南昌新建县海昏侯墓的面世,堪称惊世大发现,央视10套《探索·发现》"考古进行时"播出"海昏侯大墓考古发掘纪实"系列节目以后,我留意了一下网上观众的反馈,有一条反馈很有意思,有位观众感慨:现场那么多人,南腔北调,工地上的负责人是怎么指挥的呀?!

我曾大概算了一下,海昏侯墓发掘工地,有来自全国十几个省市各方面的专家。海昏侯大墓发掘现场,总指挥来自国家博物馆,京腔京味,布置工作时,大家都听得懂,所以,各个发掘位置,各忙各的,井然有序。

关于考古人员的口音,给大家讲个笑话。湖北荆州国家漆器文保中心的漆器保护权威专家吴顺清,应邀去台湾讲学。课堂上,老吴眉飞色舞,掷地有声,学生们瞪大着眼,满是狐疑。课后,老吴问众学生:"听明白了吗?"众学生摇头,老吴又问:"我讲得不好?"有学生说:"好是好，但我们一句也没听懂。"这也怪不得台湾学生，即便是我，与吴老师在一起，他的话，十有八九我也听不懂，可老吴又很是乐于表达。在发掘海昏侯墓的时候，我观察过，但凡发掘之外的事，他一讲话，几乎所有听众都犯蒙。

咱还是回到考古现场。整日与死人打交道的考古人最不信邪，可有些事却是不信还真不行，这么说吧，很多考古人兢兢业业，可一辈子也赶不上有点影响的发掘项目，有的人呢，比如江西省文物考古研究院的杨军，考古"命"出奇的好。十多年前，他负责发掘李杜酒厂厂区内的一处古代制酒作坊，获得了当年的"中国考古十大发现"（这是考古人的最高荣誉，是每个考古人梦寐以求的）。后来，他又因为发现了海昏侯墓，名声大噪。话又说回来了，杨军发现了海昏侯墓，是被"馅饼"砸中了脑袋。

2001年夏，接到南昌市电视台的请求，当时的江西省文物考古研究所所长樊长生派杨军跟着记者去南昌市郊的新建县，查看一处被盗掘了的古墓。先说个题外话，当时江西省的文物考古机构还叫"所"，后来改称"院"了，由所及院，名声大了，可"汤和药"都没换，还是那帮人，还是那些事，行政级别呢？照旧。实际上，国内改所为院的考古单位不在少数，比如，四川所、内蒙古所、陕西所、河南所、山西所，甚至市一级的考古单位也有改所为院的，比如成都所、洛阳所。这一点，中国社会科学院考古研究所、身为国家级考古研究顶尖单位，反倒落了伍，依旧叫所，以至于考古界开会，介绍来宾，国家所的负责人被称为所长，部分地方所的负责人却被主办方尊为院长，孰高孰低？圈内的人心知肚明，圈外的人却是云里雾里了，好在由所改院跟圈外的人没啥关系。

言归正传，接受了任务，杨军跟着记者去了新建县。爬上大唐萍乡的墎墩山，杨军不淡定了，眼前是两个覆斗形的大土堆，这是典型的汉代贵族墓的封堆啊！可令人遗憾的是，两座大墓的顶部都有长方形的盗洞，左边的大墓旁还堆着新鲜的泥土。两个大封堆有可能都是汉代贵族墓，大墓里还会剩下什么吗？下边的情况到底怎样？考古人有个秉性，一旦发现了古墓或者遗址，不吃饭、不睡觉也要先查出头绪。杨军从山下村子里的老乡那借来了大绳，系在腰间，让人在上边帮忙拽着，自己头朝下顺着盗洞先下了左边的大墓。在手机微弱的光亮前，大墓里干干净净，已然被盗劫一空。从左边的大墓上来以后，查看右边的大墓，下边的情况会不会如同左边呢？杨军再绑大绳，再次顺着盗洞倒挂着下去了。此一番，手机的光亮前现身的是厚厚的椁板，杨军认定，这应该是一座汉代顶尖贵族大墓，至于说这座大墓是不是也遭盗掘？杨军拿不准。当他头朝下被人从盗洞拽上来以后，杨军马上向所里领导汇报了他的发现。

事不迟疑，江西省文物考古研究所随即向国家文物局、省文物局汇报了在新建县大塘萍乡的墎墩山发现了汉代贵族大墓的事情。考虑到大墓已被盗，江西省文物考古研究所请求公安部门出动特警与武警，将大墓保护起来。

2000多年前，大墓主人下葬的时候，"保卫措施"可否也是这般森严？

左边的大墓被盗掘一空，实际上，这事儿在杨军受命前往新建县之前，在大唐萍乡早就不是什么秘密了，盗墓贼联手当地的乡霸，给住在墎墩山边上的家家户户送去米、油、香烟，"叮嘱"村民"管好嘴"，更邪乎的是，盗墓贼竟然戒严了大墓周边的道路，村民往来，必须绕道。万事停当，盗墓贼几乎是正大光明地挖起了墎墩山上的大墓。说起来，盗墓贼应该是有一些历史知识的。一直以来，中国人以左为上，于是位于左边的大墓率先遭了殃，但也正是盗墓贼这半瓶子醋的知识储备，右边的大墓，也就是后来出土了两万多件（套）随葬器物，堪称惊世大发现的汉废帝海昏侯刘贺的墓才得以保全——盗墓贼犯了一个致命错误，汉代，以右为上！如果盗墓贼"没知识"，只捡大的先挖，那么两万多件的文物，流入黑市，估价怎么也得在百亿元以上呢！

对于盗墓贼的猖獗，拿了盗墓贼粮油的村民敢怒不敢言，不过，还真有人不吃这套，就在左边的大墓被盗挖的时候，有村民匿名向有关部

▲ 这是惨遭盗掘的左边的大墓,也就是海昏侯刘贺的夫人墓,墓里空空的,像是被人清扫过似的——光天化日,盗墓贼竟如此嚣张,令人气愤,让人费解。

▶ 装满了泥土的编织袋是盗墓贼留下的,用作支撑盗洞。泥土上的小眼是铁钳子插出来的,这是盗墓贼寻找随葬器物的时候留下的。

第四件事儿　惊世大发现:海昏侯大墓中那口帝王牙　▶ 057

门举报。接到举报，文物管理部门派来了两个人，找了两个村民，推了几车土，不仅将盗洞掩埋好，还在周边做了加强防护，可是待工作人员撤走，盗墓贼又来，只需片刻就摧毁了防护设施。

  难道说盗贼的行为就真的没人管得了吗？倘若如此，也就没有后来的惊世大发现了。墎墩山所在的村子叫裘家老屋，人口不多，老旧的房舍散落在墎墩山四周。即为裘家老屋，村里的大姓当然是裘姓。村中有个外姓老头，老头的几个儿女在大城市混出了名堂，老头在儿子家住几天，在女儿家住几天，时不时还要回到村子的老宅里住些日子。盗墓贼盗完左边的大墓开始盗掘右边的大墓时，正赶上老头自大城市返回村子，眼瞧着盗墓在贼光天化日之下胆大妄为，老头不干了，先前不是有县文物部门派人填洞不见效果嘛，老头索性跑到城里，找到了南昌市电视台。听了老头的怒述，电视台当即与省考古所所长樊长生取得了联系，樊所长指派杨军跟着记者即刻赶去墎墩山，这就有了后来海昏侯墓的被发现，就有了国家文物局组织精兵强将开始了对海昏侯墓的考古发掘。

  2015年岁末，我初到海昏侯墓所在地的新建县，自南昌昌北机场下了飞机，打车去工地，出租车司机不知道新建县有个考古工地，没办法，电话问清楚了详细地址，耗时4小时才赶到工地。其实，工地离昌北机场不过18千米。

  初到工地，自然要面见领队杨军。一见面，我愣住了，因为他穿的鞋。那是一双很普通的球鞋，但鞋面开裂，鞋底儿凄惨地牵挂着鞋面，脏兮兮的看不出原本的颜色。杨队长为什么要穿这么双烂球鞋呢？因为初次见面，还没混熟，我没敢问，事后，有人跟我说，这双鞋是杨军的幸运星，但凡穿着它进入发掘现场，通常会有重大发现。关于这双鞋，考古工地流传着这样一则笑话：有一次开会，参会人员中有国内30多位顶尖级专家。轮到杨军发言时，他信誓旦旦地说："发掘海昏侯墓我有两个幸运星：一个是国家文物局专家组组长信立祥老师，自打信老师到江西指导发掘工作以后，重大发现便层出不穷；另一个幸运星就是我脚上的这双球鞋。"信老师听到杨军将自己夸为幸运星，便眯起眼，满满的自信与自足，但是当杨军说到他那双破烂球鞋后，信老师面色突变。这也怪不得信老师，将人并驾于鞋，而且还是一双破得没法再破的鞋，搁谁，谁也受不了！听过杨军的侃侃而谈，众人哄笑，再看杨军，大睁着眼，满是茫然、无辜和不解。

既然提到了信立祥老师，索性说说这位考古界的领军人物。有这么一件事，我当真要感谢信老师。

堪称惊世大发现的海昏侯墓的发掘自然吸引了大量记者蜂拥而至，可以说，大多数记者是不懂考古的，他们被允许进入考古现场以后，随意走动，而墓室里到处都是随葬器物，特别是那些与淤泥混杂在一起的简牍，不懂考古的人会以为那些不过是一摊烂泥，而一旦踩上去，简牍将无法修复。对此，我跟信老师建议，为了文物的安全，不能再允许记者下到墓室了。信老师采用了我的建议，一道命令，所有记者禁止再下墓室。实际上，我的建议不仅是为了确保文物的安全，当然也是有私心的：墓室周围有武警人员守卫，他们绝对铁面无私，但凡挂着记者证的，一概不许进入，而我呢？挂着专家证，可以随意进出墓室，这样一来，我带来的摄制组拍的录像和照片就成了独家记录。

此制度的确立，甚至难坏了新华社和央视新闻部的记者们。他们只能站在墓室上边，眼神差点的，根本看不清楚下面考古人员发掘的细节，更别提拍摄文物的细部了。那些天，央视新闻部甚至从北京调来了直播车，但由于不被允许下墓室，几位央视新闻部的记者抓耳挠腮，生生是没辙啊。不过话又说回来了，但凡你要是"会说话"，嘴甜点儿，再有就是，你懂得一点儿考古发掘必须遵守的规矩的，信老师都有可能网开一面，让他们下到墓室进行拍摄，可是众记者极其没有眼力见儿，有一点他们没搞明白：不懂考古规矩的人，考古人绝不会买账。这么说吧，考古人不让你拍，绝对有一百个理由拒绝你。前些年有这么一件事，央视《探索·发现》节目组的几名记者在河南濮阳拍摄蚌壳龙、虎时，记者们好说歹说，当地文管所的人就是不让拍，记者们给栏目组的领导打电话问怎么办，领导给我打电话,让我帮着通融一下。于是我先给濮阳文管所的朋友打了个电话,对方听说我已将考古现场的规矩告知记者,便同意让他们拍摄(实际上,那些在濮阳的央视记者们,我根本不认识),之后,我拨通了栏目领导的电话,告诉他事已办妥,不过,真得让现场拍摄的记者们先弄明白考古现场的规矩,然后再拍摄。

几周后,去濮阳拍摄的记者找到我,先是谢了我,然后对我说:"当濮阳文管会的人问过我们考古规矩以后,便一路绿灯了。"一般说来,考古人很轴,因为文物、遗址都是不可逆的,出不得半点伤及过错。另外,考古人大多是厚道、实在的。那些饱受牢狱之苦的官员,大多都是贪财,而考古人整日里守着金银珠宝,大都洁身自好,相对于有机会接触钱财职业的人来说,考古界栽跟头的比例是最低的。

▲
事死如事生,内椁室是照着刘贺生前的居室修建的。没有放在正中的棺材躲过了一劫——盗墓贼打的盗洞正好在大墓的正中。

▲
400平方米，居中为内椁室，外围是11个贮藏宝物的库房，仅在这里，考古人员就发掘出土了20000余件随葬器物。

▶
重达16吨的棺材被吊出大墓的那一天，现场可谓人山人海，仅媒体就来了上百家。

在1号墓棺中心偏右的位置，一块大玉璧的下边露出一枚玉质的印章。泥土下隐隐露出了一个"刘"字，这显然是一枚两个字的印章，被泥土覆盖着的另一半是什么字呢？会是考古人员梦寐以求的那个字吗？事关重大，实验室考古负责人将屋里非实验室的工作人员都请了出去，仅留下了3个人。他们提取出玉印，拭去泥土，印章的另一半露出真容——果真是"贺"字！刘贺！自此，猜疑和争议了5年多的大墓主人身世之谜，终于真相大白了——就是当过昌邑王、做过西汉皇帝，后沦落为百姓，末了，受封海昏侯的刘贺。

打开刘贺大墓的椁板，所有人都"傻"了：一层层烧饼大小的金饼，闪闪发亮，甚是夺目。它们经历了两千多年的掩埋，依旧光彩照人。

仅一天，考古人员就提取出去了187枚金饼。金饼是格式化制作的，经测试，每一枚金饼重约260克，这恰恰是汉代一斤的重量。出土的大部分金饼的纯度接近当今24K黄金的纯度。最终统计，墓中金饼一共384枚，总重量约99840克。如果按当下24K黄金每克售价300元计算，刘贺墓里的金饼约合人民币2995万元。因为具有文物价值，每枚金饼的市场售价远不止7万元。据说，当初被盗墓贼偷走的海昏侯墓的金饼在黑市上已经被炒到70万一枚！

至于汉代是怎么制作出纯度如此之高的金器的，当时国内从事冶金考古的诸多莅临海昏侯大墓的专家，均未给出答案。

前边我提到过，最先光顾刘贺大墓的是盗墓贼。盗墓贼在墓的正中央留下了一个长方形的盗洞，并且将椁底板都给打穿了。有意思的是，考古人员在被打穿的椁底板淤水里，发现了两只当下施工用的线手套。取出手套，沉甸甸的，您猜怎么着？手套里装满了金饼！不用问，这绝对是盗墓贼的狗腿子干的。狗腿子的意图很明确，待盗完大墓，老大走了，他再回来取走金饼——盗墓圈里也有不守规矩的主儿！

考古人员在查看金饼时，又有一个大发现，有一块金饼上刻有墨字："南藩海昏侯臣贺元康三年酎黄金一斤"。

看到这么多金饼，您肯定要问了，刘贺哪儿来的这些金饼？实际

▲
篆文,"大刘记印",大刘是谁?何以大刘?

▲
一枚玉印揭露了大墓主人的真实身份。

▲
"南藩海昏侯酎黄金一斤"。起初,因为字迹不清,"南藩"被误认为了"南海",为什么刘贺受封的海昏侯以"藩"为冠?对此,考古界的争议颇多。

上,墓室堪称金库,这里出土的金饼仅是大墓藏金的一部分。而要解答刘贺哪儿来的这么多金子,我们得先从"酎黄金"说起。

"酎黄金",史称"酎金"。啥叫"酎金"呢?我们先说"酎"。"酎",在古时候,是指一种开春儿时酿制,经过多次复酿,秋后成熟的酒。将"酎"与金混到一起是汉武帝的首创。

在汉代消藩的大历史背景下,汉武帝刘彻为了巩固大一统,加强中央集权,下旨命各地王侯在秋后酎酒成熟之际向朝廷进献黄金,因此叫作"酎金"。而汉武帝这招不可谓不狠,哪个王侯要是不听话,汉武帝就会称该王侯献金分量不足、成色不佳,并以此为由下令削减其封地,剥夺户籍。如此做法,"酎金"只是形式,削弱地方势力才是真正目的,此令的实施让那些"忤逆不到"的诸侯王不再造次。三国时期刘备的先人就是被当朝皇帝借口献金有误剥夺了贵胄地位,以至于到了刘备这代落魄成小民了。

话说回来,刘贺献给皇帝的黄金怎么被他带进了自己的墓穴里?这事说起来可就让人悲伤了。

话说继任者汉宣帝刘询一直"不放心"已是忍气吞声、疾痿缠身半残废的刘贺,有一次刘贺发了几句不痛不痒的牢骚,被人告发,刘询终于抓到了把柄,一道圣旨将刘贺原本4000千户的封侯活生生革去了3000。对此,刘贺一声不敢吱,真真是凤凰落毛不如鸡!

海昏侯刘贺大墓里出土的黄金数量之多,这在中国考古历史上未见前例,被刘贺带到另一个世界的不仅仅是金饼。

2015年11月21日,考古人员在清理大墓的内椁室时,发现出土的部分马蹄金底部有个"上"字。对于这个"上"字,有学者推测"上"的表意为"上林苑",因为马蹄金是由上林苑监制的。后来,打开外棺时,又见马蹄金,令考古人员费解的是,这批马蹄金不但有"上"字,而且有"中"字和"下"字。由此看来,先前对"上"的推测不准确。该怎样解释马蹄金的"上、中、下"呢?很可惜,及至当下,仍无定论。

▲ 不仅内椁室里有金饼,打开刘贺的外棺,也可见金饼。揭取完铺在刘贺身下的琉璃席,再见金饼,5枚一列,共20列,刘贺在身下铺了100枚金饼。

▲
上图：状如马蹄，所以被称作马蹄金；
下图：麟趾金。

除了马蹄金，刘贺的大墓中还出土了麟趾金和金板。

据说汉武帝梦中祭拜天神时曾见到麟，醒来后，汉武帝遂命人铸造麟趾金。麟趾金是用来赏赐那些效忠皇室、有功的王侯和大臣的。刘贺5岁继承昌邑王位，19岁称帝，29岁受封海昏侯，34岁死在江西，究其一生，"罪恶昭彰"（史籍上的说法），并无领赏的点滴功绩，但刘贺的大墓中，为何会有麟趾金？目前的推测是：一部分是从其老爸刘髆那儿继承来的，一部分是刘贺当昌邑王的时候，宫里赏赐的。

在刘贺的内外棺之间，出土了20块每块差不多1千克重的金板，金板上无字。刘贺仅是一个落难的侯，就有那么多的黄金，不难想象，整个西汉王朝拥有的黄金总量得多大！那么，西汉王朝哪儿来的巨量黄金呢？有学者认为，这与汉武帝打通西域大通道有关，丝绸之路的畅通，促进了欧亚大陆的贸易往来——有可能，西汉的黄金大多来自天山以西。

刘贺仅当了27天的西汉皇帝就被赶出了皇宫，回到原本的封地山东昌邑，自此，刘贺没名没分成了平民。一晃10年，天降的大馅饼又一次砸中了刘贺的脑袋，汉宣帝刘询加封这位倒霉的前辈为海昏侯。或许刘贺根本就没做过登基当皇帝的梦，然而真的当上大汉皇帝，却是来也匆匆，去也

金板

匆匆，上天跌地，尽在转瞬。急速登高，风光无限，骤然下跌，灰头土脸。大起大落，刘贺何等憋屈。但是当他接到封侯的谕旨时，刘贺不得不举家南下，来到当时尚属莽荒的江西，留居在了鄱阳湖畔。

被刘贺带进墓穴里的黄金为什么那么多？原因很简单，他的献金资格被剥夺了，没有了向朝廷进献黄金的资格，从老爹那里继承来的黄金加上自己当昌邑王的时候积攒下来的黄金便都"压"在自己手里了，更悲惨的是，不但刘贺没有献金的资格，就连去长安祭祖的权利都被朝廷剥夺了。

《论语》有言："用之则行，舍之则藏。"翻译成当下的话是：人家用咱，咱就好好干，人家不用，咱就隐着。这也是儒家倡导的处世理念。可令人唏嘘的是，穿衣镜出土于内椁室，也就是刘贺在阴间的卧室，这面镜子应该是刘贺生前摆放在居室里的物件。每日里刘贺盯着镜中那张酸楚的脸，低吟孔夫子语录，用意不言自明，聊以自慰。刘贺被废，史籍上说，因其荒淫，为帝27天，干了1127件坏事——刘贺的身子骨也太强了，平均一天能干出40多件坏事！这等恶冠难以令人信服；再有，行事荒唐的刘贺，咋就心系起了孔圣人？难道是因经历坎坷而令其大彻大悟？或许，贬损刘贺根本就是撰史者的胡说八道，中国历史，从来就是"胜者王侯败者贼"嘛！

在刘贺的内棺中，还发现了十几个漆奁，漆奁是古代女子盛放梳篦、脂粉等化妆用品的梳妆盒。史籍上说，刘贺疾痿（半身不遂），整日蓬头垢面，萎靡不振，瘫坐在榻。这就怪了，活成这等模样，他怎么可能醉心化妆呢？前面我们说过，现任皇帝刘询因前任皇帝刘贺的几句牢骚，就将他原本4000的户籍削去了3000，如果真如史籍所说，刘贺已然是等死混天黑了，刘询干吗还要担惊受怕刘贺卷土重来呢？显然，史籍上关于刘贺半死不活、浑浑噩噩的说法多半是在胡诌。话说回来了，刘贺是汉武帝刘彻和美得倾城倾国的李夫人的亲孙子，这等关系怎么可能造就出邋里邋遢、奇丑无比的孙子呢？我推测，刘贺应该是仪表堂堂、器宇轩昂，绝对人高马大的美男子。

当然美在于装点，咱来看看刘贺的梳妆盒里盛着什么东西。

▲
上图：海昏侯刘贺墓出土的孔子穿衣镜。上面的孔子画像，是迄今发现的最早的尊孔实证。
下图："……舍之则藏，唯我与……"这是早已失传的孔子的言论，"舍之则藏"出自《论语·述而》："子谓颜渊曰：'用之则行，舍之则藏，唯我与尔有是夫'。"

▼
刘贺的内棺，头厢处，有大大小小十几个漆奁。

提取完刘贺内棺里的随葬器物，淤泥下隐现出金丝连缀的玉片——难道说，刘贺是穿着金缕玉衣下葬的？！

汉代，贵族有穿着玉衣下葬的仪轨，汉代人相信，玉衣能保持尸身不腐。玉衣分金缕、银缕、铜缕、丝缕四个等级。如果刘贺身下的玉片是以金缕连缀，那么刘贺就是穿着金缕玉衣下葬的。但问题来了，刘贺死的时候，他的身份地位仅仅是个侯，侯是没有穿玉衣入殓的资格的，此一番，想必刘贺在僭越汉制——毕竟人家名正言顺地当过大汉皇帝，即便只有27天。

待稍事清理以后，考古人员发现在刘贺头部、脚部分别现身了十几块玉片。令人不解的是，玉片的外形与大小完全一致，这就怪了，玉衣有前有后、有上有下的，所用的玉片是不可能相同的。

继续清理，真相大白：铺在刘贺身下的是一张席子。

当过昌邑王，做过西汉皇，死时仅是个侯，临了，刘贺

▼
琉璃席
铺在刘贺身下的是一张席子：琉璃席。

▲
乳色的膏状物，这或许是护肤品。

▲
鸽子蛋大小的玛瑙珠。

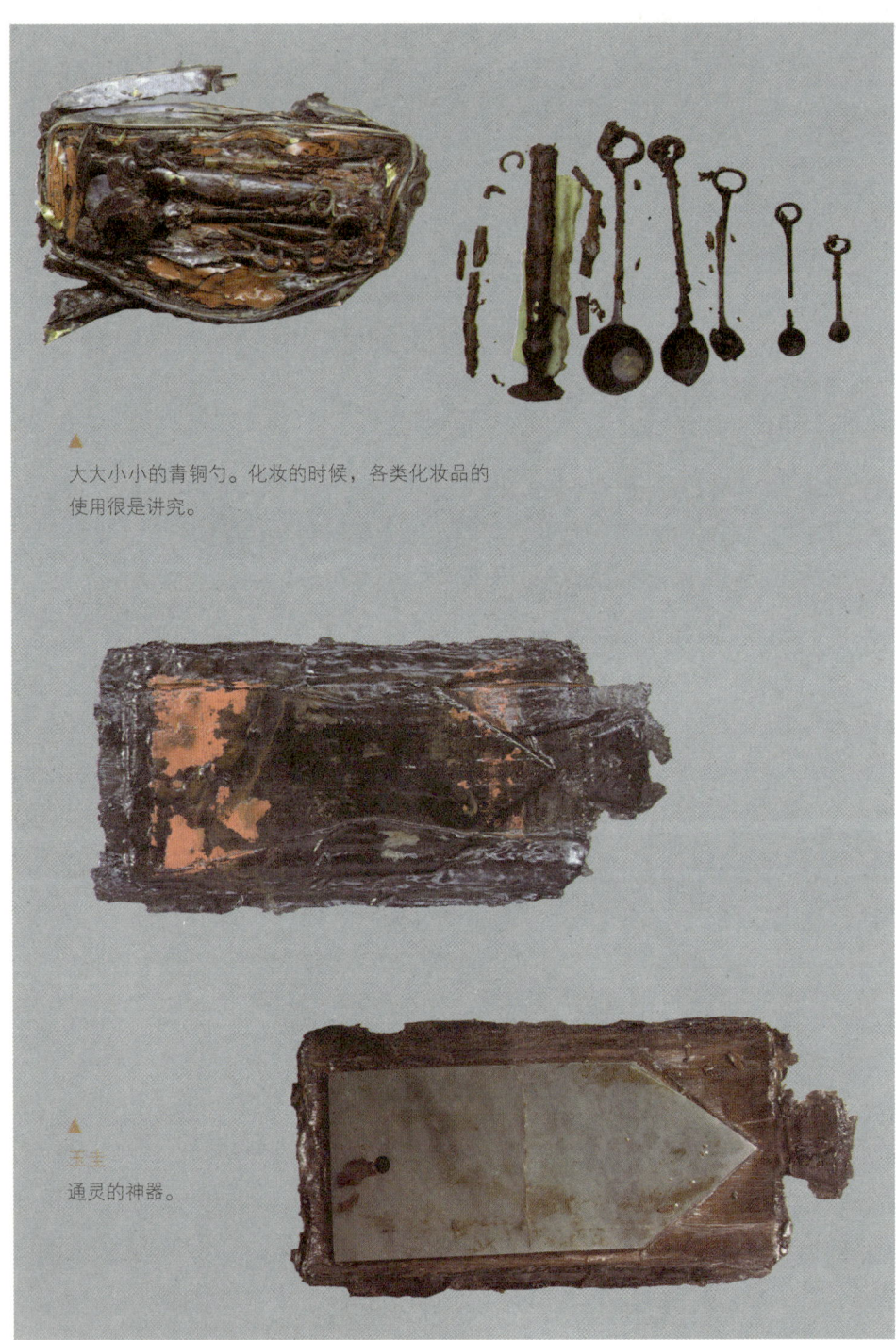

▲ 大大小小的青铜勺。化妆的时候,各类化妆品的使用很是讲究。

▲ 铜镜
通灵的神器。

▲
盛放化妆品的奁盒为漆器
实际上,刘贺死后带到另一个世界的漆器不少,比如这只漆盘,上面的三只神兽首尾相接极富动感。

终究不敢造次，没穿玉衣下葬。不过，没穿玉衣并不是说这家伙已然情愿心甘，不是没资格穿玉衣吗？刘贺打了个擦边球，弄了张金缕编缀的玉席铺在了身下。

有专家带来了仪器，一测，了不得了，铺在刘贺身下的根本就不是玉席，而是琉璃席。琉璃，说白了就是玻璃，但在汉代，琉璃的制作由皇家垄断，其价值甚至远高于黄金。落魄的刘贺果真富得流油！在身下铺了一张价值连城的琉璃席。有意思的是，经检测，儿子刘充国内棺的琉璃席与老子刘贺内棺的琉璃席均属钱钡玻璃，但刘贺的琉璃席透光显现出来的是灰绿色，儿子刘充国的呈血红色。至于为何是这样，考古人员未能破解个中缘由。古人始终认为事死如事生，带着这张席子到另一个世界，足以唬人。钱是发挥主观能动的推手，刘贺谙熟个中诀窍。

除了一张琉璃席，在刘贺的内棺里，还出土了韘形玉佩。在汉代，韘形玉佩唯皇帝才能拥有，那么问题来了，刘贺的内棺里怎么会有这类器物呢？答案很简单，是刘贺从皇宫里"拿"出来的。偷拿皇宫里的东西，

▶ 刘贺的内棺里有韘形佩随葬，而韘形佩仅皇帝才能拥有。

▶ 刘贺内棺没有找到生殖器玉罩,却见到了香瓜子。

特别是皇帝的专用物件,刘贺当真是活腻了吗?回答这个问题也不难,您想想,刘贺名正言顺地当上了皇帝,但说废就被废了,这事儿搁谁身上不是天大的憋屈呀?心里不痛快顺手掜些皇宫里的物件也在情理之中。而在导演了刘贺称帝、废帝这出闹剧的霍光看来,当务之急是废掉刘贺,并且要防止刘贺"狗急跳墙",至于刘贺的"拿",霍光自然是懒得跟他掰持了。或者,这又是一场阴谋,刘贺自昌邑带来的203个随从,被霍光砍了200个,刘贺被黜,临出皇城时,连个伺候穿衣戴帽打铺盖卷的人都没了,于是,霍光派人帮着刘贺收拾行装,趁着刘贺不备,来人将韘形玉佩塞进了刘贺的行囊,霍光这么做不可谓不毒辣,日后如果刘贺敢有复辟之心,仅凭着几枚韘形玉佩,霍光就可以治刘贺的死罪。

现在我们再来聊聊刘贺的死。

为了传宗接代,一些植物的种子进化出了抗酸性和耐腐蚀的生物特性,瓜果被动物吃下肚,其中的籽被排泄出去,种子被散播开,这一物种的繁殖就有了保障。江西的土壤呈酸性,刘贺的尸骨荡然无存,但在其棺内,小小的瓜子历经两千多年的掩埋却是光鲜如初。

考古人员发现,在刘贺的肛门处出现了香瓜子,这说明了两点:其一,刘贺去世的前一天吃了香瓜;其二,汉代没有保鲜设备,刘贺去世时正值香瓜成熟的季节,而他所在的赣中北地区香瓜成熟于6月,因此,刘贺死在了初夏的6

提取刘贺腹部的随葬器物，一堆精美之极的小玉件。

月。去世的前一天还能吃香瓜？不可思议！接下来的发掘，再次叫人瞠舌。

  提取随葬在刘贺腹部的小玉件，需要趴在悬空的、架在棺柩之上的木板上，一点儿一点儿地剔除淤泥。一天，实验室里静极了，忽然，有一名工作人员大叫起来："啊！快来看，这是什么？！"闻听叫喊，大家围拢了过去，只见竹签的尖头上黏着一枚香瓜子，与先前出土于刘贺肛门处的一模一样。

  再行查找，淤泥下竟然还有二十几枚香瓜子——刘贺不但在去世的前一天吃了香瓜，在死去的当天也吃了香瓜，命都快没了，刘贺咋还那么贪吃呢？

  照理说，衣食无忧、病恹恹的刘贺，临死前如果"回光返照"胃口大开，吃点啥不行，偏要吞噬香瓜？接下来的发掘，还有更不可思议的呢。

  考古人员发掘了三天以后，提取随葬在刘贺脖颈处的文物时，竟然在其食管处又见香瓜子！肛门处的香瓜子是去世的前一天吃下去的，胃里的香瓜子是撒手人寰的当天吃下去的，食管里的香瓜子呢？临近断气刘贺还嚼着香瓜！刘贺为何如此贪食香瓜？① 这一疑问令人后背发凉。

假设一下，刘贺的食管、胃、肛门处的香瓜子也被注入了毒素……长期进补有微量毒素的长寿药，可以强化刘贺的抗毒机理，头一天吃下去的香瓜没能结束刘贺的性命，第二天一早，再吃，还是没死，中午，再吃，终于，死了。不排除这样的可能，刘贺是被人逼着吃香瓜而结束性命的。之所以做出这一推测，根据是，接替刘贺当上西汉皇帝的刘询，与刘贺的锋芒毕露截然不同，刘询对霍光低三下四、唯唯诺诺，凡事只会说一句话："听大将军的。"然而，霍光一死，刘询凶相毕露，眼都不眨一下将霍家千余口一股脑地全砍了，根除了霍氏威胁，可刘询仍不放心，前任刘贺当真心灰意冷了吗？于是，刘询想起了在香瓜里注毒这一恶招——不过，这仅是推测，至于说，刘贺到底是不是因为吃了毒瓜死的，这需要对瓜子做毒理检测以后才能做出确切的认定。截至本文完稿，毒理检测还未出结果。

汉代，但凡有点身份的男人出门时都要在腰间挂上一把剑，这是当时的一种时尚，更是仪轨。佩什么样的剑最能反映此人的身份和地位。话说到这儿您也许会问了，像刘贺这种当了27天皇帝便被废黜的人也能佩剑吗？回答是肯定的，虽然帝位被黜，虽然连进都祭祖的权利都被剥夺了，但剑还是可以佩的。

刘贺大墓里专设了一个兵器库，内存刀、枪、剑、戟、铠甲、盾牌等大量兵器。刘贺收集这么多兵器干吗？没人说得清。

在考古人员对墓室的发掘过程中，出土了一盒怪异的随葬物品，经查，疑似冬虫夏草。中国人是什么时候认知了这种生长在青藏高原的神秘生物的奇异药效的？发掘海昏侯刘贺的大墓，学者们有了重大发现。

史籍上说，刘贺身体不好，患有疾痿，为此，平日里他很热衷进补各类补药。后经仪器测定，这种似冬虫夏草的物品，其实是地黄，这是迄今出土的最早的中草药。热衷进补并没有增寿的刘贺，仅仅34岁就死了。

---

① 江西靖安，在发掘海昏侯大墓的数年前发现了一座春秋大墓，墓里随葬着40几位少女，这些人中间有30多位胃里也有香瓜子。经查，香瓜子有剧毒！少女们是吃了有毒的香瓜毙命的，她们是被毒死的。

▲ 铜剑、铁剑，长的、短的，放在这件实验室里亟待修复的就有48把。

▲ 这把剑出土于刘贺的内棺，是刘贺的随身兵器。玛瑙的剑格，色彩斑斓，晶莹剔透。

▲
发掘刘贺大墓，珍奇异宝太多了，以至于这个漆木的盒子出土的时候并没有引起考古人员多大的关注，后来，从事植物考古的专家来到海昏侯考古工地，了不得了。初步认定，盒子里的东西有可能是冬虫夏草，后来经过仪器分析是中草药地黄。

▶
医工"五禁汤"漆盘
这件器物的用途是明确的，用于喝汤，喝的是医工开的"五禁汤"。

▲
海昏侯墓园里的车马坑
这是江南地区首次发现的真车马随葬。

汉代时期，宫廷里的御用医生被称为"医工"。那么上图中提到的"五禁汤"又是何物呢？咱先弄明白什么是"五禁"。中医指出，若患气病、血病、骨病、肉病、筋病者，应分别禁食辛、咸、苦、甘、酸五类食物，因此称为"五禁"。

所谓"五禁汤"，是指五味皆禁的汤药。五味皆禁，以此看来，刘贺病得不轻。史籍上说，刘贺二十六七岁时便须毛稀疏，行为呆滞，萎靡不振，因偏枯之病致肌肉萎缩，行走不便。以"五禁汤"漆盏随葬，刘贺在另一个世界里仍旧需要疗病啊。

前文中，我提到过我的一位同行、一位特神奇的人物——杨军，我对他的行为思想很感兴趣，尤其说这位考古队长近乎较真的工作态度，再有就是，他有别于常人的处世理念。

这天，考古实验室又有了重大发现。每逢有重大发现，工作人员都会在第一时间给杨军打电话。不到20分钟，杨军满头大汗地赶来了。从墎墩山上到考古实验室，抄小路十来分钟就能到。果不其然，杨军又穿上了那双破得不能再破的运动鞋。他耽搁了几分钟，因为他是从考古工地跑回驻地换鞋去了。进了实验室，杨军迫不及待地跑到刘贺的棺材旁。顺便说一下，现场发掘的时候，刘贺的棺材体量很大，

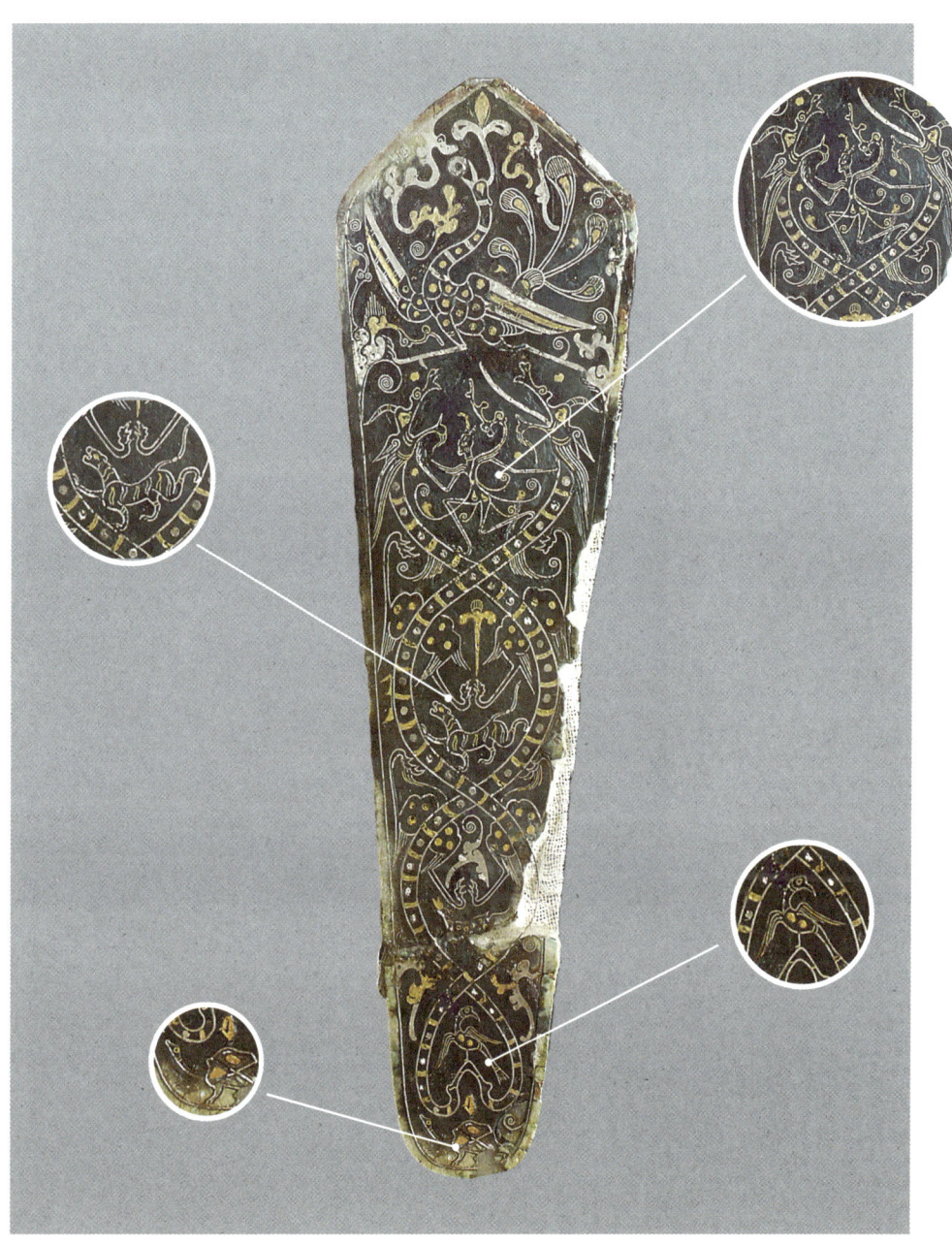

▲
海昏侯墓葬出土的当卢

整体图形取材四神,有龙、虎、雀、玄武,构图活泼严谨。飘逸,洒脱。虎头高昂,长尾如鞭,气势汹汹。神鸟,亭亭玉立。蛇缠着乌龟。青龙,白虎,朱雀,玄武,四瑞齐备为什么要将四瑞刻画于当卢戴在马头上?这个疑问值得推敲。

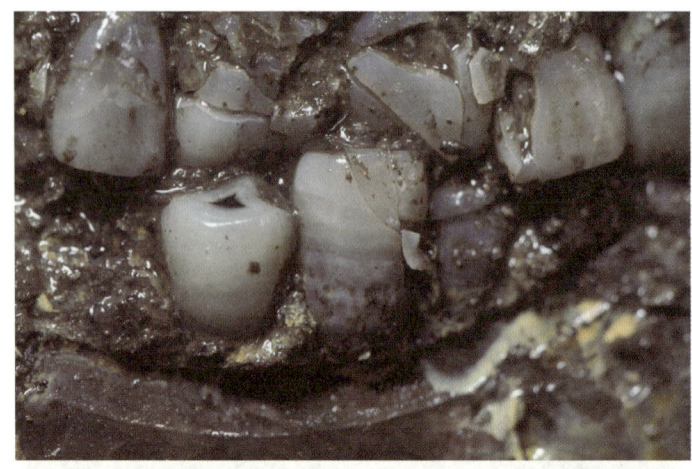

▶ 一枚覆在刘贺脸上的玉璧用极品和田白玉制作而成。出土了一个星期，每天都有专家围着这枚玉璧议论纷纷，眼神不好的人，鼻子都快挨到玉璧上了，但玉璧中的"惊天大秘密"却没人看到！

而且棺外出土了包括韘形玉佩、金板等随葬器物，可以肯定的是，内棺的随葬也不会少。但这次让杨军换"幸运鞋"的重大发现既不是价值连城的玉器，也不是拥有无限文化价值的简牍，而是……待会儿再说。

前面我们提到过汉代的贵族死后，会以玉加身，最高等级的会穿玉衣下葬，等级低一些的会在死者身上和身下覆玉璧。刘贺是废帝，没有穿玉衣下葬的资格，但可以玉璧加身，因此考古人员在打开棺材时，发现刘贺从头部到腹部，满是玉璧，大大小小有十几枚。

直到有一天，趴在木板上做玉璧细部微距拍摄的考古队员忽然像被马蜂蜇了一般，慌乱地跳下木板——照相机的彩色屏幕展现出了令人惊诧的画面——齐整的一口大牙。闻听发现了牙，杨军立刻跑到实验室来。牙又不是什么值钱的东西，为什么杨军会这么激动呢？照杨军的说法，这可是迄今发现的唯一一口帝王牙呀！考古发现并不像局外人想象的那样，只看到文物的商业价值，考古人更关心的是文物的学术价值，这么说吧，有的时候，一块陶片的学术价值或许并不比兵马俑差，比如，考古人员在江西万年县的吊桶环遗址发现了距今两万年的陶片，被确认为是迄今发现的最早的人类制陶实证，这一发现将人类制陶史提前了近万年。为什么说出土了刘贺的牙属于重大发现呢？因为根据刘贺的牙，考古人员有了重新审视史籍、还原历史真相的机会。

没过几天，中国社会科学院考古研究所、复旦大学、吉林大学的DNA检测等专家相继进入实验室，各自采集了一颗牙带回去研究。日后，如果甄检的结果能够出来，很多疑问就将被破解，比如，刘贺的死因、他的健康状况，以至刘贺是单眼皮还是双眼皮，头发的颜色，再有就是，当今的刘姓，如果谁敢自诩种姓纯正，对不起，和刘贺的DNA比对一下，便可知晓您的"刘"纯不纯了。

杨军邀请以上三家单位的专家分别采集刘贺的牙，这是考古的惯例，

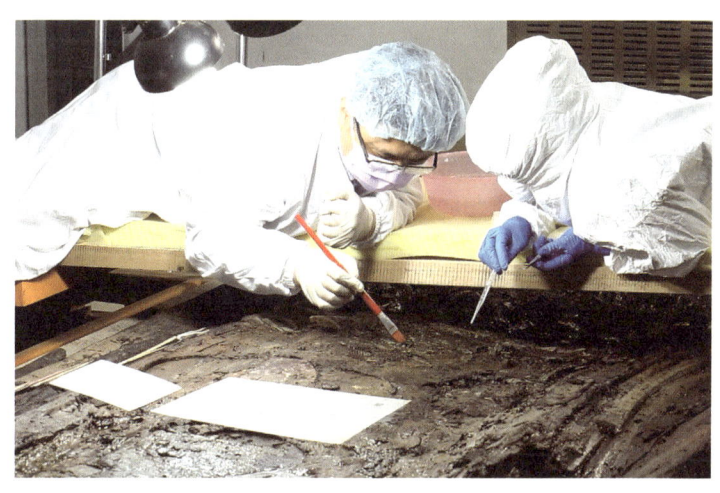

▶ 考古人员全副武装提取刘贺的牙齿，为的是不对牙齿造成二次污染。

目的在于日后检测出来的结果、信息等，如果至少有两家是雷同的，那么研究结果就是可信的了。然而，事与愿违的是，因为酸性土壤的侵蚀，刘贺的牙中所包含的DNA信息都已丧失遗尽，三家单位都没能检测出令人满意的结果。请DNA检测专家前来采集并检测刘贺的牙，杨军还有一个意图，建立中国刘姓族谱的基因体系，刘贺的DNA无疑是最为纯正的刘姓基因了，但这一点，杨军也是未能如愿。

　　三家单位采走了三颗牙，剩下的牙紧闭着，考古人员猜测其嘴里会不会有通常概念的口含呢？杨军决定，待稍事脱水以后再开启刘贺紧闭着的牙。

　　一年以后，刘贺的嘴微微张开了。去除嘴里的泥土，果见神奇。此番再一次令杨军激动得手足无措，不过他没穿那双"幸运鞋"来，因为有人在打扫考古队驻地卫生的时候，趁杨军不在，把鞋扔了，而且还扔到了杨军找不到的地方。"幸运鞋"没了，杨军的好运仍在，这不，又有了重大发现——印面刻着"合欢"的口含。

　　刘贺被封海昏侯上任不到5年，死了，死在了34岁。刘贺先为王，后为帝，再为民，末了被"发配"到了当时尚属蛮荒的鄱阳湖畔当起了海昏侯，刘贺的人生虽是起伏跌宕、窝窝囊囊，但他的生育能力却是超一流，10男10女，一共生了20个孩子。实际上，将刘贺分封到江西，也难以消除时任皇帝刘询的戒心，他担心刘贺复辟之心不死，便派大臣时时监视刘贺的一举一动。大臣所见，刘贺每天沉溺酒色，病病歪歪。当朝皇帝得知了刘贺的状况，便不再担心了。有可能是为了掩人耳目，不致再遭不测，刘贺干脆沉溺酒色，直到死去。至于说"合欢"口含是刘贺的心态真实写照，还是被人恶作剧有意塞进刘贺嘴里的，"这事儿，"杨军说，"值得推敲。"

　　刘贺的大墓和墓棺随葬之奢华令人惊诧，他的嗣子刘充国的墓棺同样让人瞠目。刘充国的墓位于刘贺墓的正北方，发掘的时候被定为5号墓。

　　发掘刘充国墓棺之前，考古人员曾对4号墓的墓棺做了实验室发掘，令人不解的是，棺中仅有两枚铜镜随葬。那么5号墓棺的随葬会是怎样的呢？刚刚揭去棺盖板，考古人员就有了惊喜，泥水里露出了一只漆器。汉代，漆器的价值高于黄金，有漆器随葬有可能意味着内棺的随葬档次低不

▲
刘贺的口含
又是一件替代品，却是一枚印章！钟形，独此一家，算是另类的口含了。印文：合欢。

▲
以钟形印为口含不算啥，还有更邪乎的。这枚玉器是刘贺的肛塞，这也是"非专业"的，它显现着典型的春秋文化特质，不过足以令人啼笑皆非——古人的一件把玩物件竟然被用作肛塞！

上图：刘充国墓室里的随葬虽说难和老爸刘贺的相提并论，但也堆满了器物。
下图：刘充国5号墓棺内的物品。

了。清理内棺里的淤泥的过程中，实验室里的惊喜不断。

在海昏侯刘贺嗣子刘充国的5号墓棺里，刘充国的左右手各握一枚马蹄金和玉剑璏。马蹄金与玉剑璏放在一起，金喻义财富，玉象征品德，财德俱全，刘贺的用意很是明确——希望刘充国财德俱全。

考古人员推测，或许刘贺真的"贼（帝）心不死"，幻想着有朝一日复辟，即便自己坐不上龙椅，儿子如果有机会回到长安登基称帝，却也能抹平压抑在自家心头许久的那份

马蹄金与玉剑璏,出土的时候两件器物挤在了一起。其中那块马蹄金内嵌琉璃,光照下,呈现翠绿色。

▲
铜镜
令人忍俊不禁的是,这是一面男女定情的相思镜,"久不相见,长毋相忘",刘充国死时尚在童年,会跟哪家姑娘"长毋相忘"呢?

▶
在5号墓棺,刘充国的胸口处有一个黑色的小物件。考古人员提取出来,拭去泥土,是一只小巧、稚萌的小老虎。小虎由琥珀中的极品血珀制作而成,逆着光看,剔透晶莹如同血浸一般,稚萌、生动。

郁愤；然而，现实是残酷的，老爸刘贺尚未接任为侯，儿子刘充国就死了，更甭提登基为刘贺挣回面子了，于是，不但刘贺死时带着歆形玉佩下葬，连嗣子也带上了皇帝专属的玉器进入地宫。至于说，刘贺父子在另一个世界是不是如愿当上了皇帝，这事儿，正史和野史都未提到过。

不过刘充国跟他爹一样，是个倒霉蛋，根据《史记》里的记载，刘贺死后，按理说儿子刘充国继承侯位，但上报的文书还没送到长安，刘充国就死了。出身名门，刘充国连个落魄的海昏侯都没能当上。接下来，再报刘贺另一个儿子刘奉亲继承侯位之事，可皇帝恩准的谕旨尚在赶回江西的路上，刘奉亲也死了。

刘贺早亡，两个儿子也相继去世，就此，有大臣上奏皇帝，信誓老天不容海昏国，应将其取缔，当朝皇帝听信此言，

▼
黄豆大小的小器件，现身于一个烟盒大小的漆盒里。器身有小孔，这应该是一组挂件。

御笔一挥，将海昏国自皇家典籍上剔除了。再后来，新登基的皇帝为显隆恩，重封刘贺的孙子为海昏侯。

在大墓中，考古人员发现了一个烟盒大小的漆盒。起初，因为漆盒已被压扁变形严重，考古人员对漆盒里藏着什么并没有抱多大希望。开启漆盒的时候，里边满是泥浆。为了文物的安全，考古人员以水冲拭，忽然，竹签头上陆续现身了上图这几件精美的器物，左上角的螭虎是由极品血珀制作而成，右上角的小件也是用上好的和田玉制作的，至于说下面两个类似花瓶的小件，方形的依钫而制，圆形的依尊而制，细细观察，这两件器物像是牙雕。

最后咱们来欣赏几件出土于海昏侯大墓的美丽文物吧。

▼
上图：蚕豆大小的玛瑙贝，商代，以贝为币，周以后，青铜铸钱逐渐取代了贝币，贝失去了货币功能，再后来，贵族常以美石雕琢成贝，或许意在祈望多财吧。
下图：鸡蛋大小的玛瑙珠，如此体量，实属罕见。

▶

缠丝玛瑙挂件,晶莹剔透,美轮美奂。

▶

玛瑙带钩,鲜红如血浸一般。

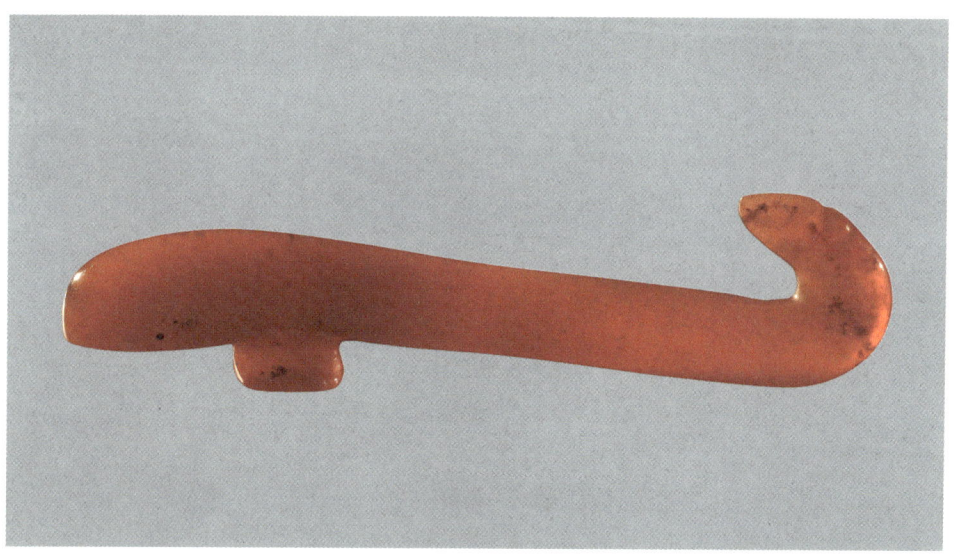

▶ 上图：青铜动物玩具。
下图：野猪的鬃毛一根根清晰可见，铸造此玩具的工匠绝对是高手。

考古那些事儿

▼ 猛虎的脖颈处有一小环，四个脚底板都置有轮子，尾巴有明显的被磨损的痕迹，这是刘充国拉拽的玩具。

▲
上图：青铜带钩，凤头，弓起的腰身上镶嵌着玛瑙、绿松石。
下图：六棱水晶挂件，鸽子蛋大小。

第五件事儿

寻龙诀

命运多舛的国宝

▶

碧玉龙
国宝级文物，国家博物馆的镇馆之宝。

考古那些事儿

▶

黄玉龙
内蒙古翁牛特旗的镇旗之宝。①

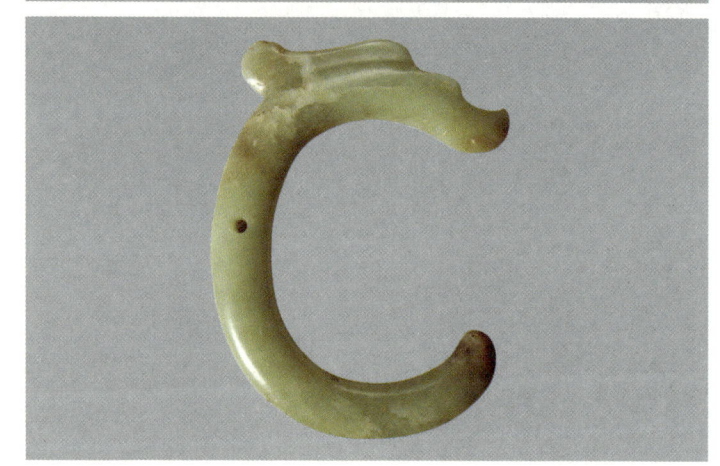

考古工作常是不可思议的，有时候费尽周折，可到头来，捅破窗户纸却是手到擒来，借用央视热播的《舌尖上的中国》里的一句话：厨房的秘密就在于没有秘密。那考古呢？有，还是没有秘密呢？对此，多数考古人不会直接回答，因为，不好回答。

---

① 关于这件国宝级文物，它的前世，是考古学家探究的事；它的今生，非常离奇。小小的一个旗里竟能出两件红山文化国宝级文物，这本身就值得大书特书。

经老贾的手，碧玉龙"被卖给了"国家博物馆，老贾再经手，黄玉龙成了国宝级文物，也成了翁牛特旗的镇旗之宝。

咱这件事的秘密要从1986年初秋说起。

一天，时任旗文物管理委员会（以下简称文管会）主任的贾宏恩正准备下班，忽然有人敲门。来人仅是跟老贾面熟，是旗检察院的一名职工。老贾觉得奇怪，忙将来人让进屋。来人进屋后，不曾说明来意便从兜里掏出了一张皱巴巴的纸递给了老贾。老贾接过纸低头一看，不禁倒吸了一口凉气。来人开了腔："图是依照器物拓下来的，请您帮忙看看值多少钱。"20世纪80年代那会儿，市面上少有假文物流行，老贾意识到，图依据的文物绝非寻常。而老贾怎么会有这样的想法呢？因为有过"前车之鉴"。

时间再往前推，话说1982年春天，在三星塔拉村，那时还没实施包产到户政策，改土造田全村劳力一起出动。有个叫张凤祥的村民，趁着众人不注意，来到一道土坎下的不足半米的小坑里躲了起来。

刚刚坐定，张凤祥忽然觉得身下有些硌得慌，伸手一摸，是一件弯弯的墨绿色的猪头蛇身的玉器。后来，张凤祥把自己捡到的玉器交给了旗文管会，再后来，国家博物馆向各地基层文物保护单位征调文物展出，这件玉器被定名为红山文化碧玉龙。

一天，老贾接到了国家博物馆的电话，电话那头与老贾商量能不能将玉龙捐献给国家博物馆？国家博物馆当然不会白要翁牛特旗的这件文物，要给旗里两万元的奖励。两万元在当时可算是巨款了，老贾马上将这件事汇报给旗里的领导，旗领导当即拍板，同意将玉龙捐给国家博物馆，并要求赶紧落实两万元钱的事。老贾生怕国家博物馆变卦，连夜坐上火车赶到北京。在国家博物馆办完交接手续，带着钱回了翁牛特旗。

仅过了两三年，随着地方经济的不断好转和人们文化意识的提高，上自旗领导下到一般干部都信誓旦旦，觉得碧玉龙换回两万元钱亏大了。但是，后悔也没用呀，这时的国家博物馆已经将碧玉龙当作镇馆之宝，这会儿就是翁牛特旗拿出20万、200万也不可能将碧玉龙"买"回来了呀。

碧玉龙归入国家博物馆，老贾是经手人，每次想起这事儿老贾都感到糟心，照他的话说，肠子都悔青了。

眼下，有人送上门让他鉴定文物的真伪，什么叫"得来全不费工夫"？这就是。即便是又赶上了天大的好事，为了稳住来人，老贾不动声色地对来人说："光看图看不出真假，得看实物才能得出结论。"这时，来人说了实话，图上的文物不是他的，而是他一个远房亲戚的。来人求老贾等一会儿，他回去将实物拿来。老贾说："好吧，我等着您。"十来分钟后，这位检察院的工作人员背着一个旧书包回来了。来人从书包里掏出一个破布包，打开布包，真家伙露了出来。老贾定睛一看不禁再吸口凉气，眼前的文物当真又是一条玉龙，但并非如前是墨玉的，这次是黄绿色的。事儿又大了，但老贾不能暴露惊喜的心情，他沉住气，淡淡地说："我得细看才能看出它的身价，您先将这件东西放我这儿，过两天我还给您。"来人同意了老贾的说法，谢过老贾以后，起身离开了文管会。人刚走，老贾立马包好玉龙，重新装进来人背来的旧书包里，起身出了屋。老贾要回家细看吗？不是，他直奔火车站，再次去了北京。

第二天一早，不顾一夜的劳顿，老贾没去已经熟门熟路的国家博物馆，而是跑到了中国社会科学院的考古研究所，老贾连夜跑到这儿是为了面见顶尖的明白人——苏秉琦先生。

苏秉琦是中国考古界泰斗级专家。抗日战争时期负责转监管运到大后方的文物，近水楼台，苏秉琦借助职务之便，阅读了包括历代陶片在内的大量文物，对红山文化遗物有着独到的见解。

苏秉琦先生看到老贾拿来的黄玉龙，苏先生一下子眼睛都亮了起来。仔细查看了黄玉龙以后，苏先生叮嘱刘观民研究员为老贾带来的文物写下身份证书，认定黄玉龙属稀世的红山文化国宝级文物。

回到翁牛特旗，老贾向旗领导汇报了在北京的收获，此一番与前番"出卖"碧玉龙截然不同，旗领导下令，不惜一切手段将黄玉龙留在翁牛特旗。秉承旗领导的指示，老贾找到旗检察院的那位工作人员，言明依照法律规定，黄玉龙应收归国有。旗检察院的那位工作人员倒也通情

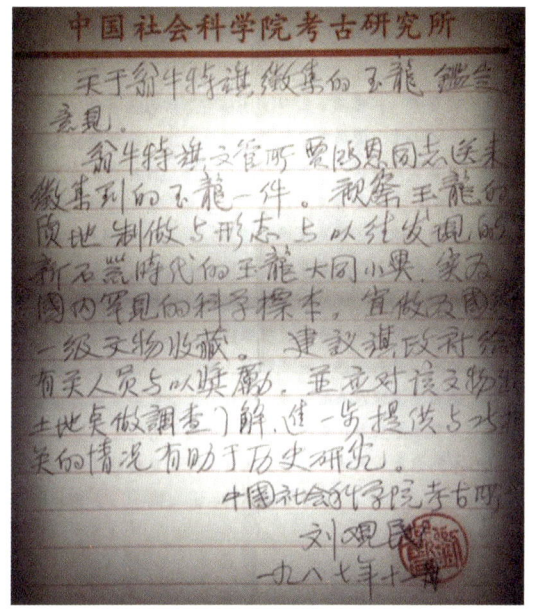

证明文件
此文件为黄玉龙验明正身,自此,黄玉龙有了国宝级文物的身价。

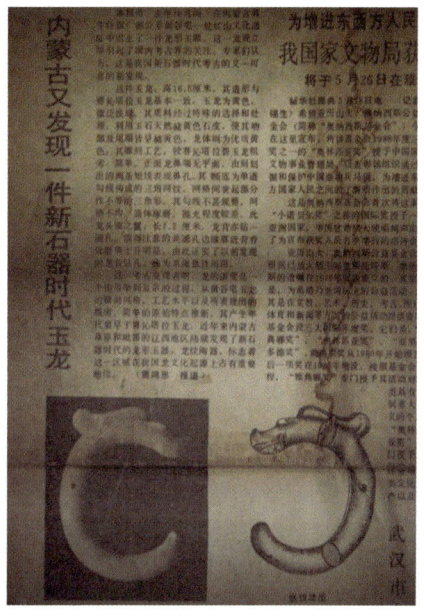

《光明日报》上登载的关于黄玉龙的文章
2010年,老贾写了一篇介绍黄玉龙的文章登载在《光明日报》上。

达理,向委托他找老贾鉴定的那位亲戚说明了旗里的意图,当时,黄玉龙的持有人没说什么,而且拒绝接收老贾代表旗里奖励给他的200元钱。就这样,国宝级文物红山文化黄玉龙成了翁牛特旗的镇旗之宝。

一件国宝级文物连出处都说不清,读者的质疑也不足为怪。对此,国家文物局、中国社会科学院考古研究所责令翁牛特旗文管会务必查清黄玉龙的出土地点。为此,旗里专门成立了一个以文化局高局长挂帅的调查组。

想要搞清楚黄玉龙的出处,第一步需要找到黄玉龙的原持有人。

老贾找到了曾经求他鉴定文物的旗检察院的那位工作人员,那人告诉老贾,黄玉龙的原持有人叫李景荣,是他的远

▲ 鉴定文物的相关人员
由左至右：县文化局高明林、县文化局副局长王立柱、县文史研究会会长吴甲才、县博物馆馆长庞昊。

考古那些事儿

房亲戚，住在本旗的乡下。

调查组直奔李景荣住的村子，然而，调查刚起步就搁浅了。村民告诉调查组，李景荣两年前就举家搬离了村子，搬到旗里去了，至于说，李景荣住在哪儿？没人知道。既然李景荣搬到了旗里，找起来就不会很困难。回到旗里，调查组来到旗公安局，但是，查遍了户籍，硬是没找到李景荣！李景荣像是人间蒸发了一般。寻找李景荣成了横亘在调查组面前越不过去的门槛，这道门槛一横就是两年！

常言道"踏破铁鞋无觅处，得来全不费工夫"，这天，下了班的调查组负责人、旗文化局的高局长回到家刚进单元门，忽听有邮差叫："李景荣！李景荣住这儿吗？"

"李景荣"？这名字怎么这么熟呢？高局长呆呆地站在原地，这时，一楼右边的房门打开了，"我就是。"应声的人是几乎每天都会和高局长打招呼的老李头。

高局长定了定神，待老李头收过邮件，他轻声叫了声："老李头。"老李头愣了一下，回过身，问："有事吗高局长？"

高局长一字一句："您叫李景荣？"

老李头茫然道："是呀。"

苦苦找了两年多，李景荣竟然就住在自己家楼下，而且是常打招呼的老邻居！后来工作组上门拜访他的时候，见到他的额头上有好几个拔火罐留下的印子，李景荣说他最近老是偏头痛，才在前额上拔火罐试试。老李头咋就偏头痛了呢？我猜老头是知道黄玉龙的事情，眼睁睁看着几个亿的人民币打了水漂，这事儿搁谁谁不头痛！据说，就在高局长找到李景荣的前几天，曾有文物贩子找上门，出价2亿收购黄玉龙。

"老李头呀老李头，可找到你了！好你个老李头！"高局长语无伦次了。

老李头蒙了，心想：整日里低头不见抬头见的高局长这是怎么了？"您找我干吗？"

"说来话长，进屋可以吗？"

"可以。"老李头带着高局长进了自己家。

"您喝什么茶？"老李头问。

"不喝茶，白水就行。"高局长自顾自地坐下来，眼睛一直没离开老李头。

老李头被高局长盯得有些不自在了，"您一个当官的，找我这小老百姓干吗呀？"

"您是不是让一个亲戚拿着一条黄玉龙到文管会鉴定过？"高局长迫不及待地开门见山。

听罢高局长这话，老李头原本堆笑的圆脸顿时拉长了，"有过这事儿，那龙拿去了就没再回来。"老李头怨愤地说。

老李头这话没错，咱前边说过，文管会的老贾把黄玉龙拿到北京请考古界泰斗级专家苏秉琦先生做了鉴定以后，黄玉龙便被收归了国家，收藏进了旗博物馆。为这事儿老贾向旗里申请了200元钱作为对老李头"献龙"的奖励，但老李头拒收。老李头非但没有接受旗里的奖励，还一纸诉状将旗文管会连同老贾告上了法院，索要黄玉龙。

翁牛特旗法院判决：李景荣败诉，法律依据是：所有出土的文物均归国家所有。

老李头不服，再告，这次是跑到赤峰市法院告的状，令老李头失望的是，又遭败诉。

老李头还是不服，索性跑到自治区呼和浩特，但是，再败。

三番状告，三番败诉，这事虽说过去许久了，但时间越久，老李头越是郁闷，不用我说，您也能悟出个中原因。据说，二零零几年的时候，曾有人煽动老李头到京城再告，如果能要回黄玉龙，他肯出价两个亿！

两个亿！搁到谁身上谁都不得安宁。

老李头是农民出身，小学文化，可他是个明白人，尽管亲戚朋友百般纵容，儿女们一再催促他上告，但历经三番官司，老李头已然谙熟了相关法律：和白纸黑字的法律较劲儿，不会有好下场。听到高局长问起黄玉龙的出处，老李头说，这龙原本不是他的。

"不是你的？那是谁的？"高局长急切地问。

"是马跃的。"老李头呆呆地盯着窗外，静静地说。

黄玉龙原本是马跃的，怎么就到了李景荣手里了呢？

"玉龙本来是马跃的，怎么到你手里了？"高局长再问。

"马跃是我的'担挑'①，是个菜籽贩子，他是从哪儿搞到的黄玉龙，我也不知道。"说完这话，老李头站起身，冷冷地对高局长说道："您在我这儿吃晚饭吗？"这显然是在逐客了，高局长知趣地站起身，说了句谢谢便出了李景荣家的门。

费尽气力难觅其踪，到头来却是阴差阳错手到擒来，可黄玉龙却不是李景荣的，不过，调查黄玉龙的出处并没有走到绝路，好在又有了马跃这么个线索。

第二天一大早，高局长将调查组成员叫到自己的办公室，说起了昨晚的"意外收获"，随后，众人驱车直奔马跃住的村子，找菜种贩子马跃。

在村里差不多最破旧的院落里，调查组见到了菜籽贩子马跃。与李

---

① 担挑：方言，同"连襟"，指姐姐的丈夫和妹妹的丈夫之间的亲戚关系。

▲

翁牛特境内的早期岩画

查找黄玉龙的出处时，考古人员在翁牛特境内发现了大量的早期岩画。

景荣不阴不阳的表现不同，面对旗里来的干部，瘦小枯干、两眼满是诡谲的马跃故作惊宠，忙不迭地将众人请进低矮昏暗的屋子。

得知调查组的来意，马跃滔滔不绝地打开了话匣子。

那是农村实施包产到户政策的前两年，马跃走街串巷贩卖菜籽，走到老熟人马金海住的村子的时候，看到马金海正在和一个专收文物的"南蛮子"[①]谈生意。只见马金海从怀里摸出了一只黄绿色的大长虫子一般的玉器递给了文物贩子。接过玉长虫，文物贩子煞有介事地在小手秤上称了称，然后掏出30元钱。马金海嫌少，但文物贩子就是不肯抬价，没办

---

① 南蛮子：当时东北地区的老百姓将走街串巷收文物的南方人称作"南蛮子"。

法马金海只好认了,就在他刚要接钱的时候,马跃走过来对文物贩子说:"你也太黑了吧,这么好的一件东西,你就给30块钱呀!"

马跃自文物贩子手里抢过玉长虫,转身对马金海说:"给这么点钱,别卖他!"

马金海满脸委屈:"老娘病了,没钱抓药,好赖换点钱去抓药呀。"

"别卖给他了,赶明儿我给你卖个好价钱。"马跃轰走了人生地不熟的文物贩子,对马金海大包大揽道。

马跃贩卖菜籽全凭一张嘴,但玉长虫当真到了自己手里,怎么能卖个好价钱,其实他心里一点底儿也没有,实际上,马跃将玉长虫,也就是后来被命名为黄玉龙的国宝揽到自己这儿,当然另有所图。

人生地不熟的文物贩子没敢和马跃叫板,灰头土脸地走了。回到家,躺在炕上,马跃端详着黄玉龙,翻来覆去、六神无主、苦思冥想,也没能想出好招儿。鸡叫头遍,昏沉沉的马跃终于睡着了。突然,马跃像是被马蜂蜇了屁股一般猛地起身,跳下土炕,包好黄玉龙匆匆出了门。马跃这是怎么了?他是去找人,找他的"担挑"李景荣。

马跃怎么就想起李景荣了呢?第一,李景荣跟他是"担挑",很熟悉;第二,李景荣早先办了个烧砖厂,手里有些闲钱。马跃找到李景荣,拿出黄玉龙,一番天花乱坠把李景荣给煽呼晕了,李景荣就掏出钱买下黄玉龙。拿着李景荣给的钱,马跃回到乡下找到了马金海。

这么看,马跃算是个大好人是吧?调查组问:"黄玉龙你卖了多少钱?"马跃信誓旦旦,"卖了60元,都给马金海了。"后来,调查组向李景荣问起这事,李景荣发誓的时候把亲娘老子都搬出来了,说马跃从他这儿拿走了120元。马跃却说李景荣给了60元,李景荣说给了马跃120元,究竟谁说的是真话呢?因为这事和调查黄玉龙的出处没啥关系,调查组也就没深究。

其实,在马跃面前犯蒙也有装的成分,"高价"买来黄玉龙的李景荣自有盘算,他估摸着把黄玉龙改成烟袋嘴,每个烟袋嘴能卖40元钱,这条黄玉龙怎么说也能改出4个烟袋嘴。当时一个上好玉质的烟袋嘴能换1

匹好马，4个烟袋嘴就能换4匹好马，到了深秋，马长上膘，百十块钱一匹卖出去应该没啥什么问题，李景荣打的就是这个如意算盘。

第二天一早，李景荣找到了玉器加工师傅，没承想，加工师傅一口价：每个烟袋嘴加工费少于40元钱不干。李景荣盘算，4个烟袋嘴光加工费就得花160元钱，再加上先前给马跃的120元钱，就是280元钱，如此这般，赚钱的把握就不大了，但钱已经给了马跃，凭着自己对马跃的了解，将玉龙退给他，把钱要回来是绝对不可能的。老谋深算的李景荣自认栽了大跟头，迫不得已打消了将黄玉龙大卸八块改成烟袋嘴的想法，顺手将黄玉龙扔进了粮缸里。就这样，后来被确定为国宝级文物的红山文化黄玉龙逃过一劫，保住了"性命"。再后来，旗里常能看到文物贩子，文物的身价天天看涨，李景荣便琢磨着将砸在手里的黄玉龙卖出去，这就有了求自己

▼
出土于翁牛特的红山文化的鸡头陶碗。
有学者将其称为了"中华第一凤"，倘若当真如此，翁牛特既有龙，又有凤，可谓龙凤齐备，这件亦被定为国宝级文物。

的亲戚找贾红恩为黄玉龙估价的事情。

2010年,财大气粗的文物贩子找到李景荣,唆使李景荣再向旗博物馆索要黄玉龙,文物贩子开的价是两亿元,不过不管李景荣怎样悔青了肠子,黄玉龙终归没能被再次贩卖。

调查组找到马跃,但探查黄玉龙的出处还是没能触到正题上,因为马跃也不是黄玉龙的持有人,持有人是马金海。事不迟疑,调查组根据马跃提供的线索,驱车前往马金海住的村子。

此一番,又出岔子了。

村民告诉调查组,马金海已于年前举家搬到辽宁盘锦了。

盘锦距翁牛特旗600多千米,为了彻查黄玉龙的出处,再远也得去。驱车盘锦,调查组找到了建在大片稻田中间的马金海的家。天有不测风云,调查组费了好大的劲儿才找到黄玉龙的持有人马金海。得知调查组的来意,马金海说,黄玉龙是他老爹马忠信捡来的,调查组的人忙问:"你爹呢?"马金海说:"死了,半个月前死的。"黄玉龙的发现人马忠信已然故去,既来之则安之,调查组在马金海家坐定,试图从马忠信的老伴李贵珍的嘴里打听到黄玉龙出处的细枝末节,马忠信的儿子马金海说,他母亲患老年痴呆①在炕上瘫了两年多了,问她黄玉龙的事根本就是瞎耽误功夫。正像马金海说的那样,甭管调查组怎么问,老太太只是傻呆呆地盯着来人。

调查组很失望,没办法只能询问马金海了。就在调查组拿出黄玉龙的照片递给马金海看时,老太太突然清醒了,一把抢过照片,足足盯了3分钟,喃喃地说:"这是我家的。"

看到黄玉龙的照片,马金海的母亲一下子变得如正常人一般。

怎么回事?神志不清的老太太竟然开口说话了,连马家的众兄弟在内,所有人都惊呆了。

---

① 一般指阿尔茨海默病。

李贵珍老太太告诉调查组，黄玉龙是她丈夫马忠信犁地时犁出来的。

调查组组长旗文化局的高局长立马意识到这是一个千载难逢的好机会，赶紧凑近老太太："大娘，您能说得再细点吗？"可无论高局长怎么问，话都像是对牛弹琴，老太太又自顾自地呆萌地盯着来访的客人，不再说话，探查黄玉龙的出处还得从马金海这打开突破口。

"50多年前，我爹马忠信在离家不远的山坡上开垦荒地，日头临落山，他回到了家。进屋时，他从怀里掏出来一个长着猪头、弓着像长虫身子的物件。长虫的身上有一个小眼，我爹穿了根绳子，给我当玩具。我长大以后，我把'长虫'给了我儿子。"马金海回忆道。从马金海小的时候，到其儿子小的时候，几十年间，"长虫"被当作玩具，拖拽于时而泥泞时而干枯的街头巷尾。

后来，赶上了个别南方人进村收文物，赶上马跃拦住文物贩子，赶上马跃煽忽晕了李景荣，赶上贾红恩"意外"得宝，"长虫"终于回归了正位——国宝级文物红山文化遗物，逃脱了被踩躏的命运。马金海告诉调查组，黄玉龙是他父亲从村子赶着驴车走一袋烟工夫的道儿，然后在道儿西边的山上捡来的。

盘锦之行，虽说黄玉龙的发现人马忠信已经离世，但从他的儿子马金海那调查组得知了黄玉龙的出土地点，收获是实实在在的。从盘锦回到翁牛特已是半夜，第二天一早，调查组顾不得辛劳，赶到了马金海一家曾经居住的村子。

调查组雇了一辆驴车，找来一根老式烟袋锅，请来村里的车把式，点上烟袋，赶车西去。

车把式抽完一袋烟，调查组蒙圈了，眼前是一马平川，哪有山坡呀？是不是马金海记错了？探查黄玉龙出处，再次止步。没办法，调查组一周后再次来到盘锦，来到马金海家，可这次来调查组被眼前的情景惊呆了：马家老太太李贵珍三天前去世了。看到有家乡的人来祭拜，马金海迎出了门。调查组再问："您家到底住在哪个村？"马金海顿了顿，不紧不慢地说，他家原本住在东拐棒沟，1949年以后搬了家，搬到了来盘锦之前的村子。

▲ 调查组雇来驴车、道具等，情景再现，寻找黄玉龙的出土之地。

考古那些事儿

　　原来如此，上次调查组借烟袋、雇驴车，寻黄玉龙的出土地点，可出发点就是错的。调查组这次又来盘锦，还想问清楚一件事：马老爷子捡到黄玉龙的确切时间。马金海说，他曾听他的老母亲说过，捡到黄玉龙那年是她嫁到老马家的第四年。马金海还说，他爹捡到黄玉龙的第二天，黑风大作，整整刮了一个礼拜。为这，有村民找到他爹，让他爹赶紧把黄玉龙扔了，扔得越远越好。他爹偏不信邪，家里已然穷得叮当响了，还怕啥时运济不济的？调查组问："您老母亲去世的时候多大岁数？"马金海说："79岁。"

　　回到翁牛特，调查组来到马金海曾经住过的东拐棒沟村，再次雇了驴车，找来车把式和一根烟袋。点上烟，驾车西去。果不其然，车把式的一袋烟刚抽完，驴车当真登上了一座小山丘。山丘不高，下边有古河道，不远处是茂密的丛林，这里是古人理想的生活场所。

　　马忠信就是在这个小山丘上捡到黄玉龙的，土丘上散布着很多红山文化遗物，黄玉龙属红山文化遗物是确信无疑的。调查组查清楚了黄玉龙的出处和属性，接下来，核实马忠信捡到黄玉龙的具体时间。马家老太太李贵珍去世时是79岁，调查组来调查此事时是2010年，老太太16岁结婚，79减16，等于63，63年前就是1947年，马忠信捡到黄玉龙的时间是1947年。马金海说，他父亲捡到黄玉龙的第二天黑风大作，整整刮了一个礼拜，白天在屋子里都得点油灯。马金海说的黑风应该是沙尘暴，调查组决定查一下当地沙尘暴肆虐的时间，就能查出马忠信捡到黄玉龙的具体时间了。调查组来到旗气象局，查看了1947年的气象记录，令人失望的是，那一年翁牛特旗根本没有发生过沙尘暴。

调查组所有人都感到很沮丧，中午都没回驻地吃午饭，在路边小店一人要了一碗面条。吃面条时有人问另一个人："您闺女啥时结的婚？"那人说："26岁。""不是25岁吗？""也算25岁吧，我们老家讲的是虚岁。"说者无心，听者有意，调查组负责人旗文化局的高局长"啪"的一声放下

▼
令人兴奋的是，稍事调查，调查组捡到了不少红山文化陶片。可以肯定的是，这里曾有过红山人的聚落。

碗，高声说："有了，有了！"众人忙问："有啥了？""马家老太太李贵珍不是1947年结的婚。"众人木讷地看着激动得涨红了脸的高局长，"老辈儿的翁牛特人都讲虚岁，李贵珍是15岁出的嫁，那年应该是1948年！"

众人齐齐放下面碗，小跑着再去旗气象局。气象记录显示：1948年5月15日至22日，翁牛特旗发生百年不遇的特大沙尘暴——这下全清楚了，黄玉龙被马忠信捡回家的第二天，也就是1948年5月15日，沙尘暴来袭，就是说马忠信是在1948年5月14日捡到的黄玉龙！

前前后后，历经坎坷，耗时3年，探查黄玉龙的出土地点、属性、出土时间和发现人及曾经的持有者，调查组终于大功告成！在外人看来，如此苛求，这么较真，简直不可思议，但这就是考古，容不得半点虚假。

后来，黄玉龙和碧玉龙都被定为国宝级文物，碧玉龙已然成了国家博物馆的镇馆之宝，要不回来了，仍旧留守家乡的黄玉龙，被翁牛特旗奉作镇旗之宝，再后来，为了"严防"黄玉龙重蹈碧玉龙被"买走"的覆辙，旗里一众退了休的老头、老太太自发成立了"护龙队"，老人们喊出的口号是："人在，龙在！"

▲ 黄玉龙的出土地点终于被确定了下来,翁牛特旗东拐棒沟。

第六件事儿

天山科考

探究古丝路之谜

有人说，没到过新疆便不知道祖国的辽阔。的确，对新疆境内和静县的科学考察，历时20天、行程2000多千米，科考队都没走遍和静县。

和静县，隶属于新疆巴音郭楞蒙古族自治州下的一个人口大县。新疆巴音郭楞蒙古族自治州，简称巴州、巴音郭楞（蒙古语，意为"富饶的流域"），相当于内地地级市的巴州有多大呢？一年夏天，一大早，我从呼伦贝尔飞去巴音郭楞，晚上10点多才到和静县，然而都这会儿了，天虽然没黑，接待我的人也没有开饭的意思，我问："咱们啥时候吃晚饭？"主人说："这才几点呀，不着急。"我一早离开呼伦贝尔，飞机在呼和浩特经停两小时，之后飞乌鲁木齐，在乌鲁木齐转机又耽搁了两小时，两起两落，时间紧紧巴巴，我只是中午在呼和浩特机场简单吃了一碗面条，折腾到这会儿，早就饿得前心贴后背了。而且在呼伦贝尔，晚上10点都睡了，可在这里，竟然连晚饭还没着落呢。

呼伦贝尔在祖国的东边，夏季凌晨3点太阳就晒屁股了，到了晚上6点多，天就黑了，可是在新疆巴音郭楞，晚上11点天才不情愿地黑下来。

可算盼到天黑，开饭了。席间，有人问起呼伦贝尔，我故作神秘地问："你们知道呼伦贝尔有多大吗？"主人问："多大？"我说："一个江苏加一个山东那么大？！"听罢我的话，主人眼睛瞪得溜圆，说："那么大呀！"感慨过后，主人故作虔诚地问我："您知道巴音郭楞有多大吗？"我被他问住了，来巴音郭楞好几次了，每次都是来去匆匆，这里究竟有多大，还真不知道。见我茫然，主人呷了一口酒，慢条斯理地说："这么说吧，巴音郭楞下边的若羌县，一个县的面积就和呼伦贝尔的面积差不多，至于说巴音郭楞有多大？从东到西，直线距离1300千米。"1300千米？这是从北京到南昌的距离呀！

那么本次科考的主要目的地和静县有多大？说个实例，有一次，我一大清早从最西边的一个镇子赶往县城，足足开了一天车，晚上11点才到。和静县的面积有多大？我想大家能估量得出来了。

和静县位于天山南麓，县城的北边，不足10千米远就是横贯东西的巍峨的天山。古代丝绸之路有三条，分别是北段、中段和南段，和静县处在丝路的中端，扼守着中段和南段丝路。

本次科考绝对是空前的兵强马壮，人员构成有：北京大学文博学院的齐东方教授、北京大学哲学系的王守常教授、中国人民大学历史学院的王子今教授、中央民族大学文博学院的肖小勇教授、中国社会科学院考古研究所的巫新华研究员、国家博物馆的杨林研究员、甘肃省文物考古研究所的王辉所长、中国科学院地质研究所的穆桂金研究员等十几位国内顶尖学者，再有就是来自中央电视台、中央人民广播电台国际台、新华社、库尔勒电视台、腾讯网等多家媒体的记者。巴音郭楞的人大常委会主任包热亲自担任科考队的顾问和向导。

▶
包热
当地牧民将其称为"王爷"，虎背熊腰，黑脸豹眼，典型的土尔扈特蒙古族汉子。因为酷爱历史，近些年老包走遍巴州的山山水水，对散布在天山深处的古遗址谙熟于胸。

▶
科考队借来的国产越野车，马力大，轴距宽，越野性能极强。

科考队出发半小时后,车队钻进了大山。我们最先来到了黄庙——新疆最大的佛教寺庙,科考队里有长于宗教学研究的专家,所以,科考的第一站便选在了这里。

本次天山科考无论是专家团队的构成,还是新闻媒体的强大支持,都可谓史无前例,如此大规模的科考,为的是破解困扰学术界许久的难题,具体来说,是为了彻查隶属于和静县的巴音布鲁克草原在古代东西方文化交流中的作用。加上后勤保障人员,科考队足有40几号人,其中大多数人未有科考的经历,甚至有人是第一次进疆,好在负责后勤保障的人员都是来自驻疆某部的老兵,这些老兵除了开车,到了驻地还要负责搭建帐篷和做饭。

一夜露营,早晨9点起床(北京时间9点,在新疆,这个时候天才亮),早餐:奶茶+干馕。吃过早餐,大队人马再次出发,今天的考察是沿着山脉中间的谷地一路西去。

▼
墓葬群
这是科考队重要的考察项目。数百个形态各异的墓葬散布于两山之间的沟底,可以肯定的是,这里曾是东西方往来的重要通道。不同的族群途经这里,商队中有人不幸去世,尽管是在外乡,却也要按照本族的习俗安葬死者。

▲

山间谷地，这里是科考队的第一个宿营地，三面环山，既可避风，又很敞亮。

▲

入乡随俗，科考队员按照当地的风俗，围着敖包转三圈，据说，这么做可以保佑科考队员的安全。

▲

唐代戍堡，拦腰古道，为保丝绸之路的中路得以安全。实际上，丝路大通道上，这样的戍堡还有很多，由汉至清，为了确保大通道的通畅，中央政府没少在丝路上建筑戍堡，作为丝路的守护，戍堡在维系中原政权的稳定上起到了至关重要的作用。

▲

巴音布鲁克

"天堂草原"，这里是西域大通道上水草最为肥美的草原。

途中，我们看到了"天堂草原"——巴音布鲁克，这里水草肥美，古代商队途经这里，马、骆驼等驮运商品的大牲畜不愁吃喝，而且数千年来，东来西去的商队，族属、国属各异，因此，在这片土地上的遗留，各种各样，对于考古人来说，甚是刺激，富有挑战。

一天晚饭过后，北大的齐东方教授悄悄对我说："咱们喝点！"我说："没酒呀。"齐教授说："你就跟我走吧。"跟着齐教授，我俩躲进了一间黑屋子。为了省油（这时发电机停止了工作，屋里漆黑一片），常言道，天无绝人之路，窗台上竟然躺着一根蜡烛。齐教授点燃蜡烛，顺手找了个装方便面的空箱子当作桌子，我俩席地而坐。我掏出从给养车上"顺"来的干馕，急切地问齐教授："酒呢？"但见齐教授不紧不慢地从兜里掏出250毫升的4瓶白酒。我问："这酒哪儿来的？"齐教授拿腔拿调地说："买的！"我问："哪儿买的？多少钱买的？"齐教授又故作高深地说："咱半路上经过一个镇子的时候买的。20块钱，4瓶，还饶1袋花生米呢！"20块钱4瓶酒还饶1袋花生米？想必这酒是勾兑的。我表示怀疑，问道："这酒能喝吗？"齐教授反问道："咋不能喝。"说着，齐教授先拧开一瓶，对着瓶嘴儿就是一大口，然后抓了几颗花生米塞到嘴里，说："好酒！"看着齐教授神态自若，我也拧开一瓶，浅浅地喝了一口，辛辣，还酸，说不出是啥怪味儿，长这么大，我还是头一次喝到这个档次的劣质酒。身在荒野，讲究不得，于是，我与齐教授就着花生米和干馕畅饮起来。就在这个档口，科考队领队巫新华教授突然推门进屋，巫教授俯下身，盯着我们，大张着嘴。我和齐教授都清楚，这家伙的嘴里肯定吐不出象牙来。大约过了3秒钟，巫教授"感慨"道："俩老头都长这样了，还烛光呢！"听到巫教授的调侃，我和齐教授不约而同地起身走出去了！

按常理，巫教授遇到这种情景，会坐下同饮，但他这时悻悻然离开了，嘴里还念叨着"晚上我还有事"。荒郊野地、地旷人稀，能有啥事？齐教授和我都懒得问，我只是大声叮嘱了一句："外边有狼，方便的时候别走太远了！"当然我没有无中生有吓唬巫教授，白天车队行进的时候，好几次我都看到了狼，而且，都是独狼。据当地老百姓说，独狼最凶。

▲ "五星出东方利中国",汉代织锦护臂,这件文物的出土像是老天的特意安排,竟然是齐东方亲手发掘出土的,两千年的时空跨度,两个"东方"聚会在了一起。此织锦出土地点:新疆和田地区的民主县尼雅遗址,它的出土被誉为20世纪中国考古最伟大的发现之一。

▲ 图中戴草帽的就是齐东方教授,号称"北大第一嘴",倒不是"北大的新闻发言人"的意思,而是因为齐教授才思敏捷、著书立说、见解独到,总会一言激起千层浪。

　　巫新华这个人,绝对值得说一说,巫教授毕业于新疆大学维吾尔语言文学专业,后考进北京大学,成为季羡林先生的研究生,之后,就读社科院考古所安志敏先生的博士生。博士毕业后,被分配到社科院考古所工作。几十年了,考古西域,巫教授走遍了新疆的山山水水。在乌孙古道科考时,有一次下雨,科考队员躲进牧民的房子里,待雨停后,科考队再次上路,这时,发现一次性雨衣少了两件。下雨时,所有人都没出屋,雨衣肯定是被房东"顺走"了,我的意思是算了,就当是给牧民的报酬吧,可巫教授硬是不干,冲着房东大喊大叫,喊的是什么?我们一句也听不懂,因为全是当地少数民族的语言,过了一会儿,房东拿出雨衣。巫教授收过雨衣后,才带着大家上路。

　　齐东方和巫新华,一个是北大教授,一个是中国考古界最权威机构的骨干。平日里，您要是看到这两位大腕，绝对不会想到他们是"大家"，考古人就是这么质朴。需要说明的是，在当下，真正可交、能掏心窝子交往的人，我觉得只有考古人了，许是在野外工地待久了吃不惯人间烟火，这些考古人的朴实是发自内心的，绝不是装出来的。

当晚就寝，大家虽然睡在屋子里，但床与床的间隔不足10厘米，基本上算是大通铺了。睡在我左边的是中科院新疆地质所的穆桂金教授，穆教授自躺下，一夜不再动弹，看着怪吓人的。睡在我右边的是库尔勒文物局的覃大海局长，据说，半年前，在一处发掘点覃局长掉进两米多深的探沟里，把尾椎骨摔骨折了，本次科考他是带病上阵，尾椎还有阵痛。这一宿，覃局长翻来覆去、哼哼唧唧，弄得我几乎一夜没合眼。

这位覃局长，也是考古界甚是了得的一位名人。黑脸、矮瘦的覃局长在上大学期间，学的并不是考古，可硬是凭着对考古的挚爱，走上了考古之路。20世纪90年代，只身进入若羌（我国最早的核试验基地）做遗址调查，晚上，找个土坑就能凑合一宿。在新疆地区的考古圈，真是无人不知——覃大海。

在我之前出版的《与古人对话》一书里，我提到过距今5000年的红

▶
覃大海（左）
新疆考古圈的知名人士。

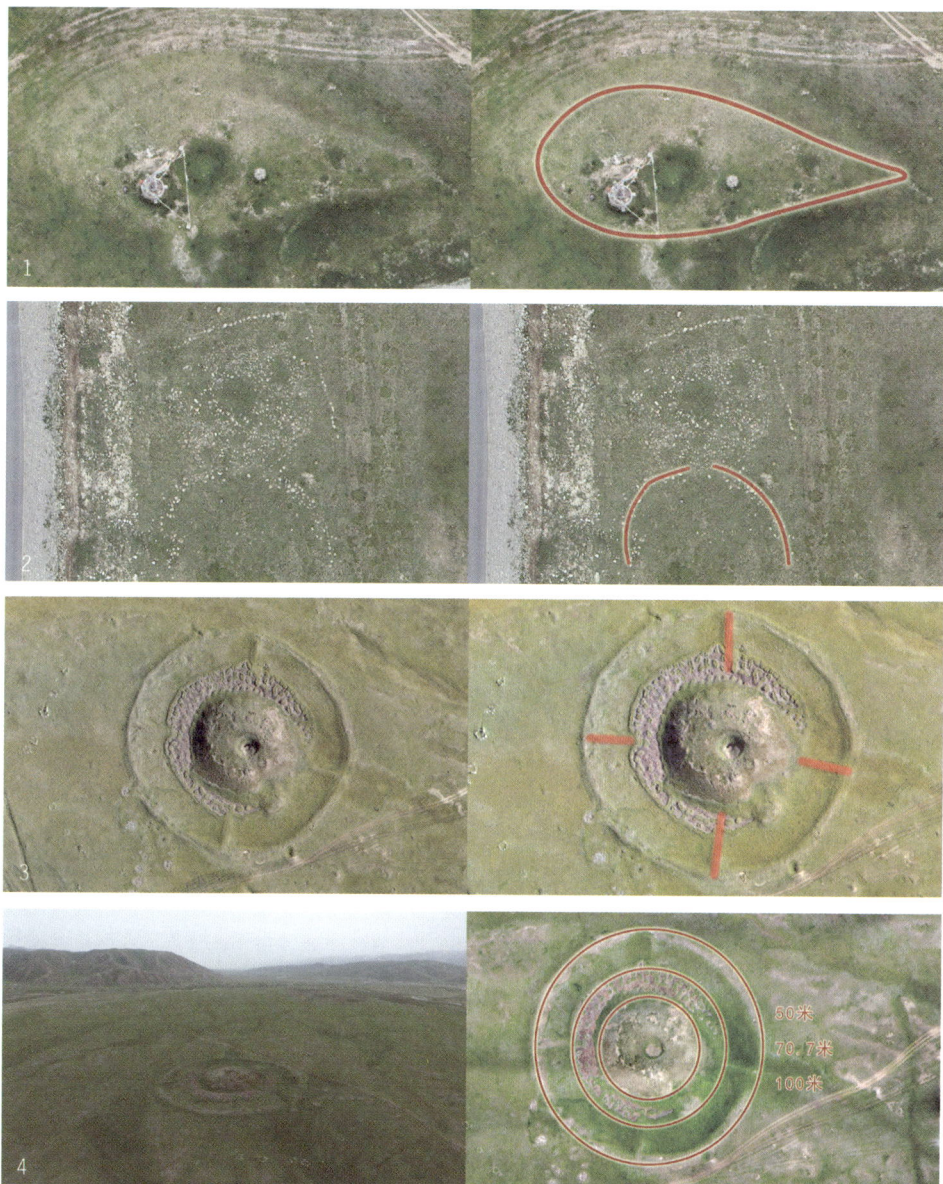

▲

1. 丝绸之路，贯通东西方文化，就连这里的墓葬也是千奇百怪，水滴形墓葬。
2. 石头垒成的阵势，墓葬像是长了胡须，考古人员管这种墓叫"胡须墓"。
3. 这应该是一座大型祭坛，祭坛残存的部分高出地面将近7米，四条土梁分别指向东南西北四个方向。
4. 令人不可思议的是三个圆的直径分别：50、73、104，大墓的这三个直径意味着什么？

山文化祭坛，祭坛三圆的直径分别为10，15.6和22。当时考古人员将相邻的两圈直径做比，答案都是$\sqrt{2}$！

今天在和静县境内，科考队员发现的大墓的三圆直径之比竟然也是$\sqrt{2}$！经过科考队员细致地探查推测，眼前的大墓距今3000至3600年。为什么远在千里之外的红山文化祭坛与和静草原上的大墓直径之比，答案都是$\sqrt{2}$呢？科考队员推测：其一，早在汉武帝打通东西交往的道路之前，东西方文化与物质的交流就已经存在了，也就是说，丝绸之路早已有之；其二，红山人观天象得出了三圆为$\sqrt{2}$的直径之比，和静县的古代先民亦是如此。

和静县发现了古代"$\sqrt{2}$"的信息震惊了当下的学术界，随之，央视新闻部、新华网等主流媒体赶到和静县，对大墓的考察做了新闻直播。

▲ 科考的路上不仅有绿草，大草原的四周还有雪山拥裹，这里曾是沟通南北疆的重要通道。

▲ 每到一处，每个遗址点，科考队都要测量、定位、拍照、画图。

▶ 近代戍堡，扼守南北疆之通途，有一夫当关，万夫莫开之势。

进入戍堡,科考队员委身不足半米高的地洞,对于考古人的工作状态,中国现代考古的鼻祖傅斯年先生曾概括道:"上穷碧落下黄泉,动手动脚找东西。"

▲
巴音布鲁克草原上最令人陶醉的地方——九曲十八弯。日落时分,逶迤的河水映着晚阳,天上、地下,九颗太阳相映成趣。

有个词叫"地大物博",用这个词概括和静县特别贴切。前面我说过,本次科考的专家团队绝对称得上是国内顶尖,即便如此,见多识广的专家们还是感慨:大开眼界!因为古代丝绸之路,东西方文化的交流,在巴音布鲁克、在和静县留下了太多的神奇与神异。

天山科考,探究古丝路之谜,有一个科考之外的事需要说一下,这就是土尔扈特部的东归。乾隆三十六年(1771年),土尔扈特部首领渥巴锡为摆脱沙俄压迫,率部冲破重重堵截,历经万苦,返回祖国。土尔扈特部出发时有部众17万人,回到祖国,仅剩7万人,以生命的代价,圆了回归祖国的宏愿。出于对土尔扈特部壮举的表彰,清政府遂将巴音布鲁克等新疆境内最好的牧场划给土尔扈特部作为居住地。

第七件事儿

解码双墩
刻在碗底的秘密

▲
经过数年的细致发掘，双墩遗址被确定为史前祭祀遗址。

　　汉字起源于何时？起源于何地？安徽省蚌埠市有一处古遗址，让人对汉字的起源浮想联翩。

　　几乎走遍整个中国，安徽省蚌埠市是我印象最深的城市之一。印象之一：冬季的蚌埠，大街上差不多有一半人（男女老少）都穿着棉制的睡衣，而且大多是白底红花，远远望去，好似流动的花海，甚是显眼。据说，这是因为淮河自蚌埠横贯而过，处在淮河南边的南城享受不了冬季住户室内取暖的政策，在家里都得穿得厚厚的，为保存身体的热乎气，临时出个门，换衣服太麻烦，也就穿着睡衣出门了。印象之二：蚌埠市郊有一个叫双墩的村子，村子里有一个距今7000年的古遗址，古遗址堆积着大量的陶片，已探明的面积超过300平方米，堆积厚度超过了150厘米，如此这般，是以往的考古发掘前所未见的。

　　进驻双墩，开始时我很不习惯，主要是因为上面的两个原因。满大街的保暖睡衣，看着一个个被保暖睡衣撑得圆滚滚的大姑娘小媳妇，我觉得就像误进了别人家的卧室，很别扭；再有就是，那么多的陶片堆积在一起，古人图个啥？前一个不习惯，硬着头皮也就过去了，入乡随俗嘛，第二个不习惯，实话说，直到当下我还时常被从睡梦中搅和醒，因为很多事情想不明白。

回归今天的话题，聊聊我在双墩村的所见、所感、所惑和所悟。

探究陶片堆积之谜之前不妨先说说"双墩"的由来。

双墩，一个村子，基本呈东西走向，有人家上千户。村子的中间突兀着两个9米多高的大土墩，正因为这两个大土墩，村子被叫作"双墩"。平地而起的大土墩是怎么回事呢？问村民，没人知道。2006年，村里来了几个民工模样、土里土气的外乡人，这几个人白天在出租屋里睡觉，晚上围着大土墩转悠，有村民对外乡人的行为起了疑心，报了警，警察一来，外乡人立马跑光了。原来，这几个人是盗墓贼，幸亏村民的警惕性高，及时报警，盗墓贼的阴谋才没能得逞。当年12月，经国家文物局批准，考古队进入双墩村，对双墩中的一个墩展开了大规模的考古发掘。为什么只对双墩中的一个动手呢？因为这个大土墩已经被盗墓贼掏了一个洞，墓里填满了流沙，盗墓贼没能下到墓底。

需要说明的是，当下的考古，尤其是对于高等级的古墓，原则上国家文物局是不主张主动发掘的，通常情况是，基建时，要先由文保单位对施工区域做详尽的考古调查，未发现古迹，才能施工，一旦发现了古遗，得先做考古发掘，发掘完成后施工队才能进入，如果属重大发现，哪怕是国家级的施工项目也得给考古让路。再有就是，墓葬遭到盗掘，警察抓了或者吓跑了盗墓贼，考古队进驻，做"抢救性"发掘，比如说，前文咱提到过的堪称惊世大发现的江西海昏侯大墓的发掘，盗墓贼先是将刘贺夫人的墓盗了个干干净净，考古队才得到批准做大墓的考古发掘。对此，有考古人调侃，考古总是跟在盗墓贼的屁股后边。

经过数月对其中一座大墓的发掘，考古人员当真见证了重大发现——双墩是春秋时期的高等级大墓。

这座大墓实属罕见，这么说是有根据的，大墓展现出来的九个特征属于首次发现：第一，五色颗粒混合土。为什么是五色，而非四色、六

左图：两个土堆相距200米，其中被发掘了的1号墓，封土高达9.5米，底径南北长约60米，东西长约80米。揭去封土，墓中随葬果然非同寻常。
右图：钟离国大墓未曾被盗，墓里的随葬极为丰富，这对几年来的考古发掘来说很是少见。

色或者其他几种颜色呢？这事探究起来并不复杂——大墓是依循五行学说建制的，所以用五色混合土；第二，白土垫层。白色象征着阳光充足的白天，生者希望逝者到了另一个世界仍有光明相伴；第三，圆形墓葬结构。古人认为，天是圆的，地是方的，人死，意为升天，去天堂里生活了；第四，填土构成的放射线呈天象概念；第五，土偶遗迹。有考古人员推测，这或许和女娲抟泥造人于淮河流域的神话传说有关；第六，土偶垒砌的内壁遗迹。土偶是墓主人在另一个世界的守护；第七，墓底葬礼布局规格较高，这在以往的淮河流域的考古发掘中属首次发现；第八，墓口有一个两层台；第九，有18个大小不同馒头形状的土丘。

大墓出土了包括钟、鼎、盉、匜、铃、戈、矛、剑、镞、车马器、石磬、彩陶器、玉器、漆器、木器、海贝等400余件文物。

常言道，好事成双，发掘春秋大墓时，考古人员在不远处又发现了一处大型遗址，也就是本文开头说到的那个堆满了陶片的史前遗址。随后，考古队在双墩村开辟了第二个工地。考古队进驻双墩时，刚好是蚌埠人穿棉制保暖睡衣满街溜达的12月份。前边我说了，为什么蚌埠人喜欢穿棉制的睡衣，因为室内阴冷阴冷的。的确，考古队租住的老百姓的房子，白天的时候，想取暖，踱出屋，但是，晚上就不行了。考古队里每个人的褥子下边都铺着电热毯，睡觉前打开电热毯，被窝里热乎乎的，不过，靠电热毯取暖一点也不舒服，如果一直开着，半夜里电热毯能把屁股烤着了，关上吧，不出5分钟，被窝又如冰窖。考古队租住的房子，房东是父子俩，父亲50多岁，儿子20多岁，两人除了吃饭的时候父亲招呼一下儿子，剩下的时间根本不说话。考古队住得时间久了，和房主混熟了，有一次我问这位当爹的："你们爷俩怎么不说话？"他说："我看他100个不顺眼，20好几的人了，啥都不干。"我再问："不干事哪儿来的钱？我看你儿子混得不错，兜里揣着的是软中华呀。"当爹的说："啥呀，买烟的钱他是从我这儿拿的，那烟呀，根本就是假的，不到10块钱一包，揣在兜里是为了充样子的。"说到假烟，我亦是"深受其害"，有一次我去离驻地不远的小卖铺买烟，我怕买到假烟，特意跟店老板说："你别拿假烟糊弄我啊。"店老板对我说："那你得再添1块钱。"我多给店老板1块钱，买了1包10来块钱的低档烟，结果呢？打开一抽，还是假的。

说远了，回到正题，双墩遗址。

▼
左图：双墩遗址，对这里的发掘仅仅涉及了一少部分，可以肯定的是，数千年前，古人以此为祭，时间跨度是很长的。
右图：陶片与贝壳，难以计数。

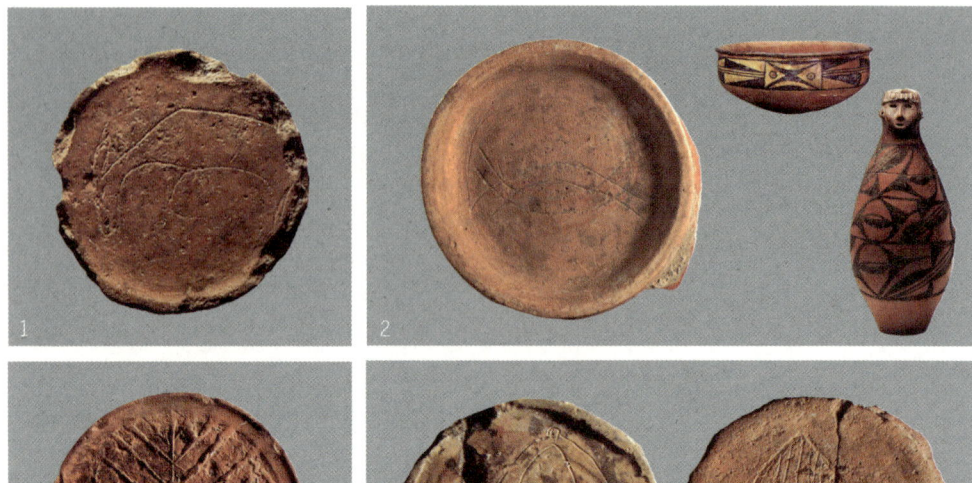

1	2
3	4
5	

1. 陶碗底，上面刻有做饮水状的羊或者鹿。
2. 左图，鱼，惟妙惟肖，被抽象了的三条鱼的叠加。中图，与双墩遗址在时代上基本相当的西安半坡遗址出土的陶器，鱼纹描绘。右图，与双墩属同一时期的甘肃大地湾遗址出土的陶器，鱼纹。这些纹饰与双墩文化碗底的刻画彰显出来的是同样的文化理念。
3. 这似乎是对树叶的临摹吧。
4. 图案是干栏式建筑，双墩古人的居室，这种建筑与地面保持了一定的距离，可以隔离潮湿，保持室内干燥。
5. 陶片上刻画的图形。有考古人员认为，双墩遗址出土的陶片上的刻画是最早的文字。

经过我们对双墩遗址海量的陶片的发掘，考古人员共发现了600多片带有刻画的陶碗的碗底，其中一些陶片上刻画的是最早的文字。因此蚌埠市专门在双墩村建了一个遗址公园。

事情说到这儿，疑问来了，为什么当地的古人都要在碗底而非其他器物上刻画东西呢？有考古队员认为，如此做法是早期天象观的体现，古人对天地的认知是"天圆地方"，在吃饭的碗上做刻画，是对天的崇敬，为的是借着圆形的碗以祭天。

考古队员对遗址上难以计数的陶片进行研究时发现，这些陶片基本上是被人有意砸碎的。那么古人为什么要将陶器砸碎，然后把碎片堆积在一起呢？双墩遗址的周边地势平坦，唯双墩遗址略高出地面，考古人员推测，这里应该是双墩古人的祭祀场所。每次祭祀，双墩古人都会将陶器砸碎，久而久之，陶片堆积成山，兀立于此，以陶片的堆积厚度看，第一，双墩古人的祭祀很是频繁；第二，这处祭祀场所持续了很长时间。

听当地人说，几十年前，这里是个坟场，碗的碎片随处可见。乡间传说，碗是被野鬼砸的。所以人们途经这里，都要放鞭炮，为的是驱鬼。后来，不信邪的人来了，不信邪的人就是我们这些考古队员。

我们在这里砍藤蔓，掘封土，非但没见到野鬼，荒丘上反倒渐露出了一个史前遗址，荒丘无鬼，碗不是鬼砸的。一个月过去了，600平方米的探方袒露出20多万块陶片。砸碗的人也查清楚了，就是我们的先辈，7200年前的双墩古人。有意砸自己的饭碗，是古人们遭遇到什么灭顶之灾了吗？我们在双墩的发掘，没有墓葬，未见遗骸，遇到灭顶之灾的推测不成例。而考古的秘诀在于借助遗物与古人对话，这次我们与破陶片做什么样的对话呢？

因随意刻画而自砸饭碗的说法，显然说不通。那么究竟是出于什么样的动机，致使双墩古人做出在当今看来如此荒唐的举动呢？因为考古人员在碗底见到了刻画，所以我们将碗底当作破解双墩之谜的突破口。照相、测量、定位、绘图以后，考古人员迫不及待地将它们拿到100多米处的大棚里。

▶ 陶片,尽是陶片。如此规模,前所未见。

一个半月过去了,天天如此,考古队员们一点一点地剔除陶片上的泥土。村里的年轻人几乎都外出务工了,考古队能雇来帮着发掘的唯有大叔大婶,一方是年轻高学历的考古队员,另一方是年长厚道的村民,这在当下各处的考古工地都能见到。

不是所有的考古人都能这么幸运。在考古人看来,陶片是无价的。考古,特别是对史前遗址的发掘,陶片是破解疑团的线索和依据。与陶片交流,很自然,考古人员首先想到了吃:双墩古人曾用它盛过什么食物呢?

中国科技大学的专家们赶到工地,在不同的区域采集样本,简易的操作台被设在了遗址的边上。考古人员淘取附着在炊具和餐具上的泥土,为的是查找残留的食物微粒。在他们对陶片内壁残留物的检测过程中,发现了人工种植的水稻微粒残留。初步得到了距今7000多年的人工种植水稻的实证。为了证据更加翔实,考古人员对采自遗址范围内的土样进行浮选。浮选的结果,惊现了人工种植的碳化了的稻种。不同的检测方式得出了相同的结果,可以肯定的是,7000多年前的双墩古人已经懂得了水稻的种植。

这无疑是一个重大的发现。为此,当天的晚饭,考古队员们多做了几道菜,刚好赶上队里最年轻的队员过生日,于是,晚餐多了一个大蛋糕。就着

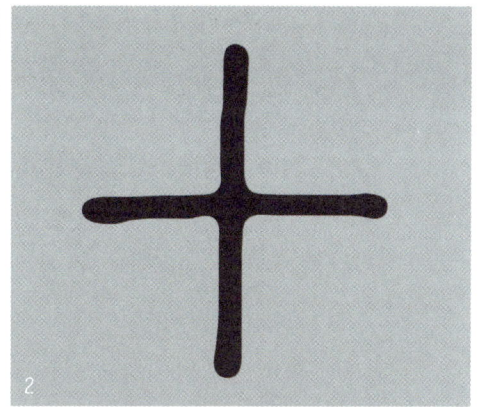

1. 这块碗底上的刻画意喻何在？一横一竖，十字，有学者认为，这是东、南、西、北、中五向的写照。
2. 较双墩文化晚了近4000年的殷商时期甲骨文的"甲"，十字。这个字表示的是方向，亦即东、西、南、北、中五向。
3. 碗底的横竖布局。

蛋糕，开怀畅饮，考古队有个不成文的规矩，但凡聚到一起，就是一家人。

600平方米，难以计数的陶片，每块陶片都不能随意挪动，因为陶片所在的位置也是考古队员考证的项目，采集完食物微粒的陶片都要被送回原处。

懂得了种植，意味着双墩古人业已认知了天象，有了时空概念。

古时，人们认定"天圆如张盖，地方如棋局"，古人将"十字"的两条线称为"二绳"，并在此基础上，添加横竖两条线，对"二绳"做了扩充，添加的结果就是，方形的大地形成了，"地方如棋局"就是这么来的。双墩遗址出土的碗底上的横竖布局是迄今发现最早的将地视为棋局的考古实证。

蚌埠市有一个龙子湖，此湖因湖畔出了大明皇帝朱元璋而得名。湖面静谧，光影潼潼，恰如时光的述说。这里还有一座山，叫禹会山，山下有个禹会村。有考古人员认为，大禹曾以这里为统治中心，号令天下。做出这一认定的根据是，有考古队曾在禹会山下发掘出土过超大型的早期祭祀场所和大量的与祭祀相关的文物。另外，双墩村南边的涂山留有一个故事。相传大禹治水，将涂山拦腰劈开，自此，淮河畅通了。随即，大禹在淮河岸边会盟天下，中华民族的大一统诞生了。

▲

左图：还是碗底上的刻画，圆圆的，周边齐整，显现着人为修整的印记。方形的刻画意味着什么？外廓为圆，内置为方，这是"天圆地方"理念的早期体现。

右图：这个刻画，不但标示了东、南、西、北、中五向，还标出了东北、东南、西北、西南四个方位。

1. 双墩文化的碗底刻画。
2. 二猪合一，两个脑袋。夜晚，阅读星空，7000多年前的双墩古人率先勾勒出了对天象的感悟。
3. 比双墩文化晚了5000千年的汉墓天象壁画，画中的猪也是两个脑袋。双头猪所在的位置恰是北斗，双头猪是北斗的化身。
4. 一条线，线的上方是放射线。《说文解字》解释："一，地也。"直线表示的是地平线。这块陶片是对太阳跃出地平线之前光芒四射情景的临摹。
5. 六角的刻画源于对太阳神的追捧。
6. 圆与圆的组合，连同碗底的外沿，共计三圆。

◆ 双墩遗址边上的春秋时期钟离国国君的大墓。

考古那些事儿

当地有一种说法，龙子湖的神奇源自往古，寻找神奇之源，就在龙子湖北边，不远处就是双墩遗址，对话双墩，没有金银玉帛，但是，与双墩古人的畅谈，不失精彩。

双墩古人在碗底刻画的圆，与红山文化牛河梁祭坛的"三圆"，表意上是相通的，三个圆恰是对太阳运行轨迹的描绘，描绘的动机在于崇拜。太阳关乎到了万物的生长，对太阳崇拜是早期文明的通行，双墩古人的崇日理念影响到了后世。只不过，双墩古人的感悟比红山人早了2000年。

▲ **陶人像**
双墩遗址出土的陶人像，圆脸，典型的中原人特质。头顶，亦是圆环设置。万物皆灵，天上的太阳是至尊之神。

▲ 这是双墩古人的自画像？还是对同伴的描述，抑或是字画？眉目传情，透露着满满的惬意与轻松。

在双墩遗址边上，是春秋时期钟离国国君的大墓，以主墓室为中心，整个大墓呈放射状布局。码放于圆椁上的陶制土偶，象征着由中及外的光芒，恰是对早期崇日理念的继承。

碗底的刻画与钟离国国君大墓的布局存在理念上的传承关系，钟离国人的宇宙观念是从双墩古人那里继承来的。

出土于双墩遗址的陶人像，其前额上的刻画与碗底的刻画都是太阳崇拜理念的写照，或许，这是一尊太阳神。陶人两颊横贯着文面，这是迄今发现的最早的古代文面的实证。有意添加进去的点点亮白为这张脸平添了些许神秘。陶人嘴半张，微翘，呼应着圆眼与弓眉。此文物被定为国家一级文物。学术界将它尊为神祖，并将它与远在辽宁的红山女神相提并论。

考古人员在发掘现场还发现了蚌壳密布地带，由此可见，7000多年前，这里湿地蔓延。咱前面一直提到的蚌埠，这俩字从字面理解即蚌的商埠，或许就是因为蚌多而得名的吧。

探究双墩刻画，有一点至关重要，这就是，该怎样定位经过修饰的碗底。令考古人员惊诧的是，凡带有刻画的碗底，直径都在80毫米上下。为什么双墩古人偏要将碗底作为刻画的载体呢？将陶碗倒扣过来，疑问便解开了。天是至尊之神，倒扣过来的碗如同一个盖子，于是，碗成了天的替

▶
三角形表示山，圆形表示天。这一组合符号展示的是"山在天的笼罩之下"，亦是双墩古人"天圆地方"理念的反映。右边是甲骨文"山"，两相比较，一模一样，对"山"的形象化表述至少在距今7000多年的双墩就已经出现了。

▶ 大碗以饱食，吃关乎到了族群的延续。令人称奇的是，国内同时期的其他文化遗址，均未出土过如此规整的碗。

身，碗底便也顺理成章地成了双墩古人表述感悟的载体。对双墩刻画的解读需要置于宗教的理念之上，房子、水波、小鸟，还有树枝、禾苗，等等，都是天国的圣物，都是信奉万物有灵的双墩古人心目中的神。

7000多年前，碗是双墩古人少有的家当之一，将刻上符号的碗砸碎的动机在于对神的敬仰。双墩古人在这里究竟砸碎了多少陶器呢？考古人员对土丘及周边进行探查，探查的结果，陶片堆积最厚的地方超过了1米。粗略统计，仅第一个层面袒露出来的陶片就能组合成上千件陶器。以一般家庭基本的陶器拥有量推算，每次祭祀都会有上千人汇集于土丘。

而7000多年前，烧制陶器不是一件容易的事，家中若能有个像样的饭碗真可以算是富贵之家了，陶碗可是重要家当。自砸饭碗，自然不是为了在碗底刻画，为的是借助碗底沟通神灵。曾经被人们称作有鬼怪作祟的坟岗荒丘，在7000多年前可是一处圣地，双墩古人聚到这里，为的是敬神。

不过，说到重要家当，双墩古人的饭碗与当今的饭碗在外形上完全一样。碗，是不是双墩古人的原创，这事儿值得推敲。

考古人员在密集的陶片中间还发现了大量的兽骨，但是，未见完整的动物骨骸。这些兽骨中，大多是动物的头骨或腿骨等便于携带的部位，可以肯定的是，双墩古人是提着被肢解了的兽肉聚集到土丘来的，至于野兽

▲ 甑，用以蒸食物，相当于当今的蒸锅。

身上的肉，当然不会浪费。

可以想象捧着大碗的双墩古人的餐食是很丰富的，使用各种陶器可以煮米饭、烹河鲜、炖野味……7000多年前，双墩古人饭碗里的美食比起当今并不逊色。

据悉，有关部门已经将双墩确定为文化遗产保护基地，这一点，就连村里的老百姓都理解不了，大多数人觉得花很多钱保护一文不值的陶片根本没意义。老百姓不理解不为过，这么说吧，因为陶片隐含着的文化价值难以估量、无与伦比，有专家说，老百姓不理解恰恰说明考古知识亟须普及，堆积在双墩村边上的陶片当然需要大力保护，有了这个普及历史、考古知识的课堂，不愁老百姓读不懂陶片——读不懂陶片体现出来的文化价值。至于说，现身双墩碗底的刻画究竟能不能被算作最早的汉字？学术界的争议呈现出截然不同的两种对立的看法，何时才能尘埃落定？没人说得清。

第八件事儿

萌萌的"小黄鸭"

春秋中山国车马坑

▲ 河北行唐故郡考古中山国车马坑，5车16马，车身露出了金器，考古队决定将这些车马分别装箱搬进实验室，做实验室发掘。

　　河北省行唐县有个村子叫故郡。从名字上分析：故者，旧也；郡，城也。虽然当今的故郡是一个村，但这里曾经是一座城，而且辉煌过。这是2000多年前的事了……

　　当然，能够揭示故郡曾经的辉煌，在于考古队的进驻，在于考古人员多年来不懈的努力。

　　对于当今的人们来说，古遗址都是不可逆的，也就是说，一旦因为发掘出错致使文物损坏（甚至是出土位置被改变等），就意味着很多文化信息的遗失，而文化信息一旦遗失是不可能补救的。为了确保发掘过程万无一失，近些年，许多考古工地都采取在现场确保文物安全前提下，将文化遗存整体打包，把它们搬进风刮不着、雨淋不着的室内，考古界

▶ 露出一半的车身的是5号车,有4匹马的是4号车,处于车队最前边的5号车未配马匹,考古发掘从它开始。

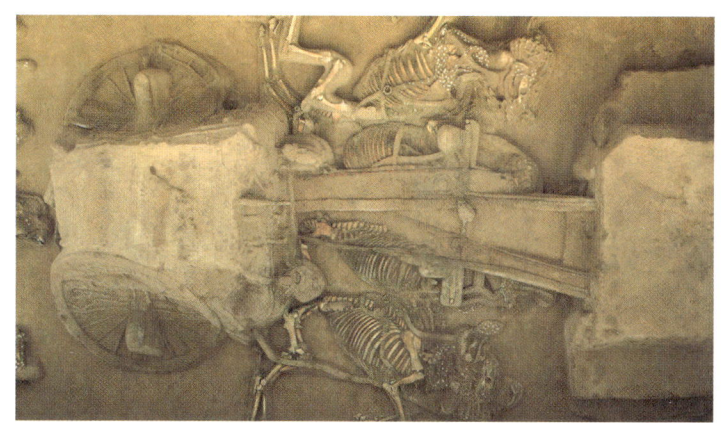

▲ 贵族的墓葬中,以车马随葬的并不鲜见,出土于太原的车马坑,有十几辆车,几十匹马,甚是壮观。

管这叫"实验室发掘"。

这次参与实验室发掘的考古人,除了河北省文物考古研究所的专家们,还有来自中国社会科学院考古研究所、北京科技大学的专业团队,多学科的介入令车马坑的发掘具备了全新的发掘理念。

我今天要讲的事情，也属于实验室发掘，发掘的对象前文的图片已然透露涉及：春秋战国时期，中山国的车马坑。

中山国在春秋战国时期的大格局中只能算作生存于列强夹缝中的一个小国，这个由大西北迁徙而来的草原民族建立起来的国家，长期斡旋于大国之间，当然了，中山国的立国之本在于它有很强的军事实力。所以，虽然地少人少，但中山国硬是在血雨腥风的春秋战国时期存在了很长时间。如同周边的大国一样，中山国吸纳了中原文化，它的强盛亦是体现在战车的数量上，不过，本次发掘的车马坑却非战车，而是大墓主人出行的车队。古人认为，人死是到另一个世界开始新的生活，所以需要随葬车马。

车马坑出土于中山国一处贵族大墓的旁边，而贵族大墓里的随葬极

▶ 2000多年前，中山国里有位极品的贵族死了，但在对位于行唐故郡的中山国古遗址的发掘，迄今仍未确认这是哪位贵族的墓地。

◤
龙虎纯金牌饰
大小如A4纸,这件宝物,即便是在2000年前,亦是价值连城。

▶
青铜瓠壶
歪脖,形似葫芦,如此形制,在讲究四平八稳的古代青铜器中很是少见。来自草原的中山国,别具一格。

1	
2	
3	4

1. 青铜敦，鎏金纹饰，典雅高贵。有意思的是，这件青铜器上下完全对称，这么说吧，把它翻个身，跟翻身前相比，别无二致。
2. 纯金虎牌，大虎身下有三只小虎，嬉戏玩耍，灵动稚雅。
3. 鎏金金铜镦（duì），装饰在戈、矛等长兵器尾端的器物，做工如此精美的青铜器，即便在春秋战国时期亦是身价不菲，因为，由它装饰的兵器应该不会用于实战。
4. 青铜马具，固定在车身，有可能被用作插小旗子。

1	2
3	4
5	

1. 玛瑙手环，用料上乘，做工精细。
2. 玉饰件，繁复的纹饰，在春秋战国时饱受追捧。
3. 宝石与黄金，串饰，想象得出来，佩戴这串饰品的人，尽显高贵。
4. 金手环，体现了古人对金子的情有独钟。
5. 黄金铠甲，青铜利剑，2000多年前，大墓与车马坑的主人出行，金车、金甲，威风气派。

尽奢华，奢华到何种程度？有图为证。

　　在这位贵族的大墓里，其生前使用过的车队也被埋进了黄土，生者认为墓主人在另一个世界可以继续享用。2000多年以后，5辆车和16匹马被考古人员发掘出来，并且分别装箱搬进了为这几辆车加盖的特别实验室里。5辆车中，唯独排在车队最前边的5号车没有马匹随葬，考古人员决定实验室发掘工作从它入手。

　　数年前，故郡村改土造田，在挖掘机的大铲下挖出了千年古墓，发财心切的村民们蜂拥而至，有人当真抢到了文物（宝物），不过公安机关及时赶到，村民们抢、挖出来的文物都被收缴，当事人也受到了法律制裁。随即考古人员进驻故郡村，开始了对这里的中山国遗址的大规模发掘。

　　将考古现场原封不动地搬进实验室后，考古人员在发掘车马时，借来了机场、车站等地方使用的安检器。考古人员拿安检器在车身上一扫，顿时，安检器发出了清脆的"嘀嘀"声，没承想，泥土下藏着大量金属？（会是金子？）每个鸣响点都被考古人员插上了牙签，有的放矢，这次的考古发掘令人期待啊。可是期待归期待，经过一段时间的发

▼
实际上，木质的车轮早已和泥土融为一体，考古人员根据土样的微小变化，清理出的仅是车轮的轮廓，车轮下是金饰。

 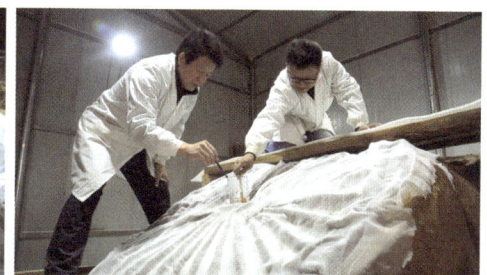
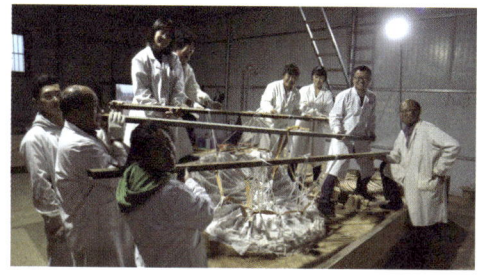 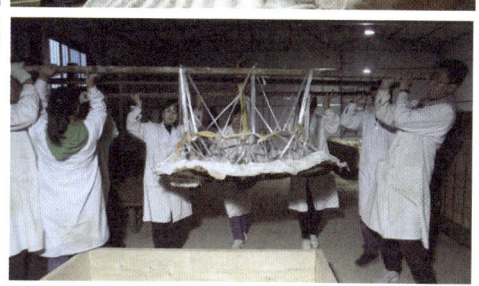

1. 摘取车轮要先利用特制的药水加固车轮。
2. 车轮的辐条都被衬上纱布刷上薄荷醇，为的是加固、粘连车轮。眼下，薄荷醇在考古发掘中已被广泛应用，它会在一定时间内挥发殆尽，且不会对文物造成任何伤害。
3. 提取车轮，男女老少齐上阵。
4. 车轮被提取出来以后，放在实验室背光的地方，待薄荷醇挥发掉，就可以将附在上边的纱布揭去了。

1	2
3	4

掘，尚未见到啥宝物，问题却来了，从现场情况看，下葬时，两个车轮是被卸下来，斜靠在了车厢两侧的，这种情况严重影响了进一步的发掘工作，因为要发掘又绝不能伤及车轮。

考古人员急切地想要见到已经被确定了位置的文物，但更为重要的是，车厢的结构必须得搞清楚，凡此种种，唯有摘去车轮。

经过一番漫长而又谨慎的操作，两侧的车轮都被提取了出去，接下来的发掘无须我说，读者便能体味出考古人员是怎样的心情，因为考古发掘出黄金的情况不多见，更何况古车乃春秋战国时期的遗物，要知道在当时，包括周王室在内的各诸侯国，黄金尚未被推崇为绝顶的宝物。发掘之初见到的黄金仅是小小的碎片，根据碎片判断不出器形，接下来的发掘，

▲ 乍一看，像极了前些年流行的"小黄鸭"。"小黄鸭"，薄薄的，细端详，是虎头蛇身，身上布满了辗转腾挪的飞龙。

▲ 车身上嵌着24只"小黄鸭"。

左图:璧形金器,璧是礼天的器物,这是古代中原地区的典型器物。
右图:圆形金饰,直径15厘米左右,贴附在车厢的后边。

黄金器物终于露出了真容。

接着发掘,考古人员当真开眼了。整个车身露了出来,自前往后,现身了24只"小黄鸭"。"小黄鸭"贴附在青铜衬垫上,青铜衬垫被固定在了车厢上。相伴着"小黄鸭"的还有璧形金器。璧是礼天的器物,是古代典型的中原器物,通常情况下,璧由玉制作,因为古人认为玉能通神。而中山国的贵族别出心裁,以金为璧,改变了通神的媒介,如此做法的动机是啥,令人费解。

在车身右前方,考古人员发现了青铜牌,青铜牌上会有能证实大墓与车队主人身份的文字吗?不急,我先说个有意

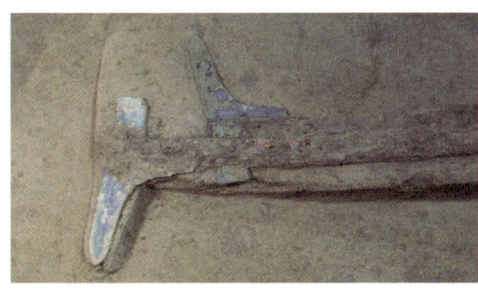

左图:青铜戈,这辆排在车队最前边的车身上一共出土了8支青铜戈——这应该是一辆"开路车"。
右图:青铜锥,劳作的工具怎么会被摆在车身里?这事儿,耐人寻味。

▲
上图：镂空铜铃，出土于车厢的后部。以往发掘出土的春秋战国时期的车，这样的铜铃曾见到过，车行于途，铃声脆响。
下图：青铜牌，置于车身右前。

思的事。

　　在故郡的考古工地上，有人养了几只羊和一群鸡，还有孔雀、鸽子。领队张春长曾放出话来，一旦找到能证实墓主人身份的证据，就宰羊庆贺。谁承想，这几只羊极其"命硬"，考古人员始终没找到证据，所以，羊们活得很自在。至于说考古人员发现并给予厚望的那块青铜牌——令人大失所望，铜牌上只字全无。

▲
铜环
车身上多有出土铜环，考古人员推测，这应该是马具，用作驾驭马匹。

▲
加固车身
如同给病人打点滴，药液被点滴注射到车身朽毁的部位，车身得以加固，这么做为的是文物的长久保护以及日后的深入研究，再有就是向公众展出。

发掘完成了5号车的上部，接下来，需要给5号车翻个身，为的是发掘车子的下部，以搞清楚车底结构，并提取发掘车子上部时触及不到的文物。实验室发掘的优势在这一点上被淋漓尽致地体现了出来，如此做法，田野发掘是绝对做不到的。可是由于木箱加固得不够结实，翻身5号车的

▲
车底
曾经的车架依稀可辨,如果是在现场发掘,这么做是不可能的,这就是实验室考古的优势所在。

▲
铜铃
自上往下发掘时,这只铜铃已然现身,但随葬器物的叠压,考古人员无法将它们提取出来,将车翻过来以后,发掘和提取很是便利。

考古那些事儿

计划被叫停了,考古人员决定,在包裹着5号车的木箱上再做一个钢梁加固,然后进行翻转,确保万无一失。

完成了对5号车的大翻身以及实验室发掘,工作并没有结束,接下来,发掘4号车,也就是排在车队第二位置上的"豪车"。以它所在的位置看,这辆车应该是车队主人的御用,这么说吧,应该是5辆车中最豪华的车。

4号车究竟豪华到了怎样的程度?看看下面几张图您就明白了。

1
2

1. 双头虎,两个脑袋,同一个方向,这倒是一点儿都不像"小黄鸭"了。附身4号车车厢的金饰,比5号车上的金饰多了一个脑袋,但头与嘴却与5号车无异。
2. 清理4号车时,考古人员发现马身上披满了贝饰,距今3000年前,商代曾将贝当作钱币,距今2000多年的中山国将贝当作挂饰。

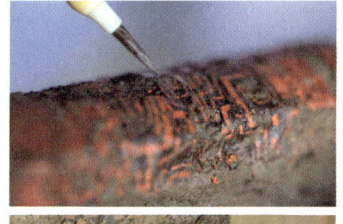

1		4
2	3	5
6		

1. 戈柄，黑底髹红漆，图案飘忽怪异。
2. 箭镞，虽经2000多年的掩埋，仍旧彰显着锋利的杀气。
3. 车厢上的漆画，怪异、灵动，美轮美奂。
4. 骨质的马衔，青铜的马镳。
5. 青铜戈，战场上的主战兵器，由夏至汉，戈历时2000多年，它是冷战兵器中主宰战场时间最长的兵器。
6. 中间呈方形的土质痕迹是早已朽毁的木质的车辕，两边木棍式样的是戈柄，戈柄纵贯车身，将近4米长，有可能，这仅是仪仗的摆设，而非实战兵器。

　　河北行唐中山国遗址的考古发掘，目前还没有发现可证实大墓主人身份的证据。不过话说到这儿，我觉得有必要说说在这里辛苦劳作的考古人员。先说说考古队长吧。

　　此次行唐考古队的队长叫张春长，地道的河北人。张队长中等个，瘦瘦的，戴一副度数不高不低的近视眼镜。平日里，张队长说话慢条斯理，闲下来的时候，好发些感慨，写诗作赋，记录、点评考古发掘中的重大发现、历史疑团和考古当地的风土人情，以至于张春长成了考古界颇负盛名的诗人。

选几首张队长的诗作，第一首《存古开新》：

光阴遁行迹，田野载古今。

细嗅五壤遥芬流馥，倾听八风远韵嗣香。

寸尺底层说千年迭代，二三灰坑看一世兴伦。

金铜漆玉陶森罗万象，骨角贝丝粟别有乾坤。

挖潜贻鉴科技出蓝，

墨香沁指捻土传薪。

启封溯源之隧洞，推开憧憬之窗门。

史河悠悠拓视界，星空湛湛涤尘襟。

陶令犹若在，何思桃花林。

▲
张春长

这首诗是对长时间发掘工作的感慨、感悟与感触，也是考古这一行的意义的真实写照。

再来一首，说5号车的，《满江红之5号车》：

雪又飞时，蛇阵首，豪车乍现。

威赫赫，辐多轮硕，衡軜驷挽。

阔轸坚漆宣鹜岸，朱纹墨彩争艳艳。

列金兽，虎头錾蟠龙，吞霄汉。

长戈利，杀气漫。图王业，启中山。

二百年骋纵，太行谈剑。

傲睨七雄三起落，襟屏五水独坐断。

问大地，朔雁始何栖，故郡瞰。

5号车的雄姿，跃然纸上。再来看看张春长专门为故郡创作的《故郡——一首悠扬的歌》：

吐字铿锵，那是四千年的时空浮响。

尧王踏尘去,飞名南行唐。千载湮轶,勾萌凉意断想。

赵邑新城,光泽重又擦亮。

魏郡落寞,思念成殇。

钟灵的水土,遗珠的落乡。

太行山隘枫笼头,大沙河弯薯喷香。

北郭春麦绿,南城秋稻黄。沃野淳寂蓄远志,但融新机书鸾章。

考古继往开来。

故郡声播八方。

穿梭机高维纵横,去来今任尔徜徉。

戎狄茔封呈轶事,千秋邑落洒祥光。

▲ 李存信

读完这几首诗,您是不是品味出中国考古人、考古事业的真实样貌了?

再说一位,行唐考古工地的"大腕"——李存信,中国实验室发掘的领军人物,他与张春长不同的是,我从没听说过他也借助诗词抒发感想。

实验室发掘是近年来兴起的一门边缘学科,它是把不宜在现场发掘的墓棺、遗物等文化遗存整体打包搬到实验室再做发掘,就实验室发掘来说。李存信走南闯北,许多遇到"疑难杂症"的考古工地都会请李存信老师来把问"病情"。

干考古这行近40年,似乎是命中注定,李存信生就是一个考古人,这么说,有两层含义:其一,在考古上特有灵感,就像有人善弹琴,有人长于绘画一样,从事考古,李存信勤于动手,善于发现;其二,对所有考古人来说都是最为关键的——兢兢业业,持之以恒。有时候,李存信就像一个医生,不过,他医的并非患者,而是古遗址、古遗迹和精美的文物。有时候,李存信又像是一个警探,抽丝剥茧,层层剥皮,破解谜踪。李存信有一个信念:一辈子干好一件事。实际上,很多考古人都将这句话当作座右铭。

第九件事儿

大王叫我来巡山

木垒科考

在新疆木垒哈萨克自治县做发掘的考古人员建了一个微信群，群名叫"大王叫我来巡山"，这灵感显然源自《西游记》。此番发掘工作，谁是大王？谁是小妖？巡山，巡的又是什么山呢？

此次考古基地位于新疆维吾尔自治区木垒县，木垒，蒙古语，意为"弯曲的河流"。

微信群的发起人还是那位巫新华——中国社会科学院考古研究所研究员，他是本次木垒县考古发掘的领队。"入乡随俗"的我也被允许加入了"大王叫我来巡山"的微信群。当我打开微信群的时候，一下子便被其中的聊天记录所吸引：发掘进度、学术观点、生活琐事、民族民俗，甚至家长里短，方方面面，群里边应有尽有，而且，但凡是群里的"群众"，谁都可以在群里畅所欲言。于是，我待不住了，自告奋勇地自北京赶到了新疆。事前，巫新华让我在乌鲁木齐地窝堡机场等候一下所里的陈超先生，他乘坐的是下一个航班。陈先生当时差1岁就80了，这么大岁数竟然也有兴致往工地赶，想必木垒是个绝佳的去处。

说到陈超先生，有个小插曲挺有意思，一直被我津津乐道。20多年前，在西藏，陈先生的高原反应特别敏感，当时他在海拔2800米的朗县做发掘研究，每日爬上爬下，辛苦劳作，陈先生一点儿事也没有，可一旦到了海拔3000米以上的地方，陈先生就得抱着氧气袋，眯眼静坐。有一次，考古队到另一处发掘现场做调查，途中要经过一处海拔5000米以上的高山。临行前，我和西藏考古所的司机索朗旺堆做了手脚，将车上的海拔表给调低了。翻越大山的时候，前后两辆车停了下来，考古人员下车在雪地上撒欢儿，这时，我观察陈先生，但见他先是琢磨了一会儿海拔表，然后跳下车，加入了众人的狂欢，但是，不足5分钟，陈先生似乎感觉到了什么，跑到另一辆车上看海拔表，接下来，又抱起了氧气袋，不再出声了。事后，当他得知这是我和索朗旺堆搞的恶作剧之后，陈先生故作怒状，说："我就觉得不对劲儿嘛！"我装作很自责地表示："这事是我的错，我要是将后边车上的海拔表也调了，您是不是就不会有高原反应了？"陈先生涨红着脸，没说话。

说回正题，我在地窝堡机场等了1个多小时，陈先生终于驾临。好家伙，只见他一左一右各拉着一个拉杆箱，我问："您这是把家底儿都带来了？"陈先生说："春夏秋冬，整套行头，新疆的气候多变，有备无患。"而我这次仅带了一个平日里背的背包，陈先生竟然带了两个拉杆箱，看来，他比我想得周全。

三小时后，接我们的车开进了木垒县城，在一家小旅店前，巫新华带着众多兄弟立在门口，夹道欢迎。巫新华给我们相互做介绍："这位是新疆文物考古研究所的、这位是库尔勒文物局的、这些是中央民族大学的、这些是新疆电视台的。"20几号人，考古队绝对是个大家庭。与众人客气地握手寒暄之际，有个念想在我的脑海闪过：难道说这些人就是"巡山的众小妖"吗？

晚饭我们吃拉条子、手把肉，酒管够。

吃过晚饭，已是深夜11点30分了，手机有信息提示，我看了一眼，"大王叫我来巡山"微信群显示：11点40分全体开

▼
巨大的冲积扇如同下泄的洪水，扑向广袤的戈壁、无际的沙漠、绿色的牧场、金色的农田和神异的胡杨林，大尺度，大色块，相拥相容，汇聚出了木垒深邃的神奇。

会。已然成为"巡山"一员的我,当然也得参会。言简意赅,15分钟,布置了次日的工作。之后回到旅店,旅店虽不大,但还洁净。窗外,漆黑一片,万籁俱寂。

虽说当时已是北京时间的午夜,考古人员却不能马上休息,因为写当天的发掘记录是睡前必须做的事。考古队干吗要干得这么晚?我很是不解。第二天早晨,早餐时间是9点30分,这是早饭还是午饭呀?我再次不解。吃过早餐,所有人全副武装登车,直奔考古工地。

在上工路上,我们穿行于天然的大花园。木垒县作为一处旅游地,其推荐语是:木垒,一个养心的地方。

上午10点,懒洋洋的太阳爬上慢坡,暖暖的。考古工地位于山顶,平日里此处仅有牧人和牛羊相伴,而且这种场景延续了3000多年。今天,考古人员要在山顶发掘,他们先要将铺在墓穴之上的石头搬走。搬石头并非轻而易举之事,每块石头,石头与石头间的关系都得搞清楚并

▲ 考古的秘诀:借助遗物对话古人,在木垒做考古,"对话"的过程需要慎之又慎,不放过任何蛛丝马迹。

▲ 有考古人调侃,考古就是挖坑。这个墓坑挖得可不浅,埋着逝者的位置距离地面足有4米多。

▶ 去除表土,大墓石阵呈现放射状,犹如光芒四射的太阳,这是太阳崇拜理念的写照。

1
2 3

1. 清理过后，这处遗址里除了人的骨头，就是以兽骨制作的装饰品和狩猎、征战的箭镞。

2. 出土于安徽蚌埠双墩遗址的碗底，距今7200年了，双墩碗底刻画，木垒大墓石阵，二者体现出来的文化理念是相同的。

3. 四川成都金沙遗址出土的金饰，距今3000多年了。飞鸟围绕着太阳。当今的学者将它尊为太阳鸟，它被推举为中国文化遗产标志。太阳鸟与木垒石阵都是太阳崇拜理念的反映，古时，太阳崇拜很是普遍。

▲ 石头拥裹着作奔跑状的马,在古人看来,骑上快马能追上东出西没的太阳。

详细记录下来。

搬完石头,考古队员开始发掘大墓,可挖了一人多深,还是没能见到埋葬死者的地层,我有些踟蹰了,是在原地静候,还是移师他处?据考古队员说,本年度的考古发掘,涉及秦岭西梁、东梁和南梁三处遗址。我们当时就在西梁发掘。就在我举棋不定的时候,东梁传来了好消息,部分遗址的发掘已见端倪。

根据东梁发掘的墓里的骨骸,考古队员判断死者是一位成年男性——戴耳饰、佩彩珠、缠金箔,草原民族的审美取向值得品味。大家刚刚感受了东梁的考古发掘,西梁的工地传来了见到随葬品的消息,事不宜迟,我返回了西梁。原以

沟壑拥裹着的坡顶,像是高悬的孤岛,平展而开阔。有考古队员说,木垒的发掘现场是世界上最美的考古工地。

这是典型的草原民族葬式,侧身屈肢恰如胚胎,古人认为事死如事生,死是生命轮回的起点。

金箔
出土时缠绕着死者的指骨,它的功能很明显,相当于戒指。

第九件事儿　大王叫我来巡山:木垒科考　▶　165

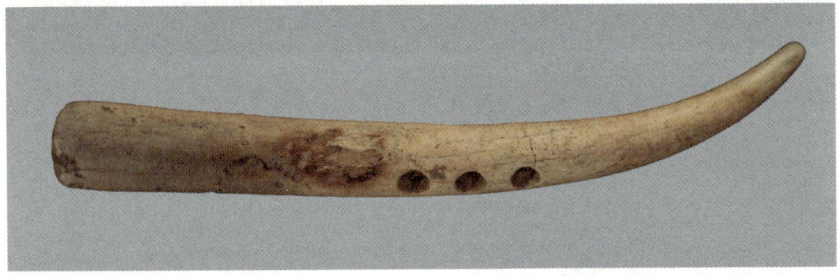

1. 纯金的耳饰，圆与坠的搭配，体现着典雅的尊贵。
2. 在鹿角上钻孔，这件器具是干什么用的？考古队员无解。
3. 陶器，显现着典型的草原文化特质，它们是生活用具。

为西梁的大墓里也会有重器出土，没承想，考古队员正在发掘的仅是一匹马的遗骸，记者不禁有些失望。不过，考古人员却显得很兴奋，这是考古发掘发现的第七匹随葬的马了。在考古工地上，马随处可见，因为它是考古人常用的交通工具，而埋葬在这里的古人将马当作亲密的伴侣。

考古发现，野马的驯化源于生活在木垒山地草原上的古人，墓葬里的古人有可能是最早的驯马部族。蜷曲在墓穴里的为蒙古马，这种马的个头不高，但耐力很强，善长途跋涉。

午饭过后，已是下午3点多了，接下来，全体午休。考古队蓝色的帐篷点缀着山谷，很耀眼。山谷很静，静得像是将时空都凝固住了，唯有小溪，低吟浅唱，不知疲倦。休息到下午4点半，大家重返考古工地，继续工作。为了赶进度，考古队从县城招来了56位临时工帮着去除杂草，巧的是招来的

▼
考古队的临时驻地。方圆几十千米内再没人家，即便是七八月份，这里也没高温，凉爽。

是清一色的中年妇女，而且民族各异。

比起其他两个发掘现场，南梁上的考古工地离雪山最近。在这里，羊群是坡地上的主角，夏季，羊在山上饱食，山上是夏季牧场；冬季，牧羊人会将羊群赶下山，到海拔较低的冬季牧场放牧。

从石头垒筑的形状和形式看，南梁的中心大墓规模不小，令考古队员惊喜的是土方边上出现了一座小墓，墓中的人骨杂乱不全，为二次葬，未见随葬器物，墓穴由石板垒筑而成，积石为冢。如此葬俗，考古人员在距离木垒数千千米外的辽宁省朝阳市牛河梁红山文化遗址见到过。两地相距甚远，而木垒平顶山墓葬与牛河梁墓葬在文化理念却是相同的。

根据在南梁做发掘的考古队员说，南梁周边高起的漫坡上几乎都有同时期的文化遗存，依托着巍峨的天山，古人在山高路险的地方修筑墓葬，意在地势越高，离太阳就越近，死后融入太阳，相伴至尊之神。

天有不测风云，记者来到木垒的第三天早晨，大雨不期而至，微信群里有通知：上午全体人员休息；下午，全体参观县博物馆。令我们没想到的是，仅有8万多人口的木垒县，博物馆的馆藏文物却十分丰富。

古时，木垒是东西方文化、商业往来的要道，长途跋涉的商贾来到山顶时都得歇歇脚，而下图这个石碑正好为路人指道，它是距今在新疆境内发现的最早的交通标志。木垒处在古代丝绸之路的中段，是东西方文化和经济交流的枢纽和中继站。实际上，东西方的交流早在丝绸之路之前就已经存在了，最直接的例证：欧洲的旱地作物，也就是黍和粟是由中国传过去的，而中国人后来种植的小麦是自欧洲传进来的，两种作物的传播并非跳跃式的，而是历经了数百年"步步为营"传播开的，"步步为营"的两种作物都曾在木垒驻足，木垒暨丝绸之路充任的是作物传播接力站的角色，没有丝绸之路，黍和粟就到不了欧洲，小麦也就进不了中国。

考古工地所在的山顶上所有的遗迹都将石头作为表述心态的介体，要么放射如日，要么垒石为棺，要么以石为祭。就像后页（第174页）图中南北走向的13座封堆，一字排开，中间的封堆比两旁的大得多。在

▲
这块石碑耐人寻味,碑文刻在了一整块鹅卵石上,碑首:指南车;下首:四方君子,此处常见往来迷路,本郡平顶山户民陈义不忍坐视,南道大路,北道岔路,不可行走,咸丰八年四月十日立。

▲
岩画
卷曲旋转,趋向于中,归结成圆,这是草原艺术的原创。

▲
石人
2000多年前,一个头戴尖顶帽,白皮肤深眼窝的族群,开创了骑马弯弓的游牧文明。感悟自然,这一族群在草原深处矗立巨石。

对这排封堆的发掘中,未见墓葬,考古队员推论,成排的封堆是祭祀场。修建祭祀场,为什么要将封堆修筑成排?更令考古队员称奇的是,不管从哪边数,大的封堆都处在七的位置,考古队员认定,这是古人对"七"崇拜理念的写照。

▼
与中原讲究厚葬不同的是,游牧民族通常不会把为数不多的家当带进墓穴;把它们留给活着的人,才是实惠。

▲
在这座墓葬中，未见到人的遗骸，仅有一些没有头的马和条石，这应该是一个祭祀场所。因为祭祀，宰杀马匹，而旁边条石应该也是用作祭祀的。

古人对"七"的崇拜，早已有之，究其根源，在于天象，金木水火土，五颗星，再加上日月。古人认为，"七"是万物主宰的化身。就像北斗七星，昭示着亘古不变的永恒。即便是在当下，若家中有长辈去世，家人也要守丧七七四十九天。

回过头来，看看"大王叫我来巡山"这个微信群里的一个热门话题：木垒墓葬里死者的种族所属。通过对出土文物的甄别，墓葬里的人下葬时间在公元前1000—公元前500年之间，按史料记载，在这段跨度500年的时间内，木垒曾居住过一个叫作斯基泰的势力强大的部族。

公元前500年，强大的斯基泰人销声匿迹，他们去哪儿了？怎么就踪迹难寻了呢？一直以来这是一个谜。因为要赶去别的工地，我不得不在没有看到最终发掘结果时就告别了大美木垒，告别了激情似火的考古队员。有两件事需要解释一下，第一件，考古人员的作息时间（按北京时间），上午10

▲ 土石封堆,圆圆的,像是眼睛,惊悚地仰望着天空。

点上工,午饭在山上吃干馕,喝矿泉水,晚上9点半下工,回到驻地,10点吃晚饭。有一天晚上下工,我们在回驻地时天已全黑,路上遇到了吃饱了的羊,不紧不慢地走在车前面,凭你怎么按喇叭,仍旧我行我素。

为什么考古人员的作息时间都往后推了呢?原因很简单,考古人员依循的是北京时间,但作息依照的是木垒的日出日落,这么说吧,晚上9点半,8月的木垒仍旧艳阳高照。

第二件需要解释的事:"大王叫我来巡山"中的"大王"到底是谁?

"大王叫我来巡山"微信群成员中,既有年逾六旬的老考古工作者,也有20岁出头的学考古的年轻人。而这位"大王"据说就是领队巫新华,但他不承认。考古队中还有新疆文物考古研究所的张铁男和社科院考古所新疆工作站的姜杰,他俩也不承认自己是"大王",戴眼镜的库勒尔市文物局副局长覃大海,和本文开头提到过的社科院考古所的陈

▲ 考古队员推测死者有可能是斯基泰人,根据是俄罗斯图瓦共和国现世的同类遗址,大墓的形制与木垒墓葬显现着相同的文化特质。

超,他俩亦是矢口否认自己是"大王",而来自中央民族大学的在校研究生是一水儿的娘子军,她们仅承认自己是听令巡山的"小妖"。到最后,这位"大王"到底是谁?考古队员表示,这事儿,只可意会。

"大王叫我来巡山",虽远离都市,远离喧嚣,但考古发掘一点儿也不枯燥,因为"巡山",考古人有机会在第一时间见证往古,破解疑团,再有就是,山南海北、男女老少凑在一起,热闹!

第十件事儿

草原古墓
散乱的石板墓

呼伦贝尔令人神往，这里不仅有广袤的草原，秀美的群山，靓丽的河湖，还蕴藏着古老而深邃的文化渊源。时间为笔，大地为卷，呼伦贝尔是一部历史、自然与人文的鸿篇巨典。

呼伦贝尔的地域面积很大，大到相当于江苏省加上山东省的面积总和。有人说，没到过呼伦贝尔就不知道什么叫草原；考古人说，没到过呼伦贝尔，对中国历史的了解就存在缺失。

2019年夏天，内蒙古文物考古研究所联手呼伦贝尔民族博物院实施对呼伦贝尔石板墓的发掘工作。此次发掘的考古工地不算大，但对于呼伦贝尔这一方来说，此次发掘研究工作尚属首次，因此意义非凡。至于说，发掘会有怎样的收获，这就如同来去匆匆的白云，说不清来路、道不明归宿了。可正因为说不清、道不明，才要发掘。（顺便说一下，在呼伦贝尔做田野考古，唯有7月和8月可以干。1月至6月，地还没有完全解冻，刨不动；9月到12月下雪了，天冷了，干不了——冬天的呼伦贝尔到底有多"凉快"？有一年冬天，呼伦贝尔的朋友给我打电话邀我去玩，

▼
草原深处，考古工地有个规矩，每天开工前，所有工具都要摆放齐整，收工的时候，也要摆齐了才能装车，考古队员说，这是出于对古人的尊敬。

▶ 置身考古工地，环顾四周，任何一个方向都能看到地平线，天大地大，想心情不好都不行。

◀
板墓
青铜时代遗物，突兀于广袤的草原，距今已有3000多年了。

我说："不去，太冷了，冻死了。"他说："今年不冷，才零下42度。"这么说吧，呼伦贝尔的根河市，极冷的记录是零下56度！）

这次来草原考古，认识了哈达。20多年了，哈达走遍呼伦贝尔的山山水水。平日里，哈达的话不多，为人处世很是低调，不过，只要他开腔，便能引发热闹，因为风趣，因为见解独到。

上文中我提到的2019年石板墓发掘工作，工地位于呼伦贝尔市新巴尔虎右旗的额尔顿山，名曰山，实际上叫土丘倒是更贴切。坡地上，黑灰色的石板围筑起来的墓室，静卧于绿色的草原上，很是显眼。古人因地制宜，就地取材，垒石为墓，如此葬俗，曾经在欧亚草原广大地区流

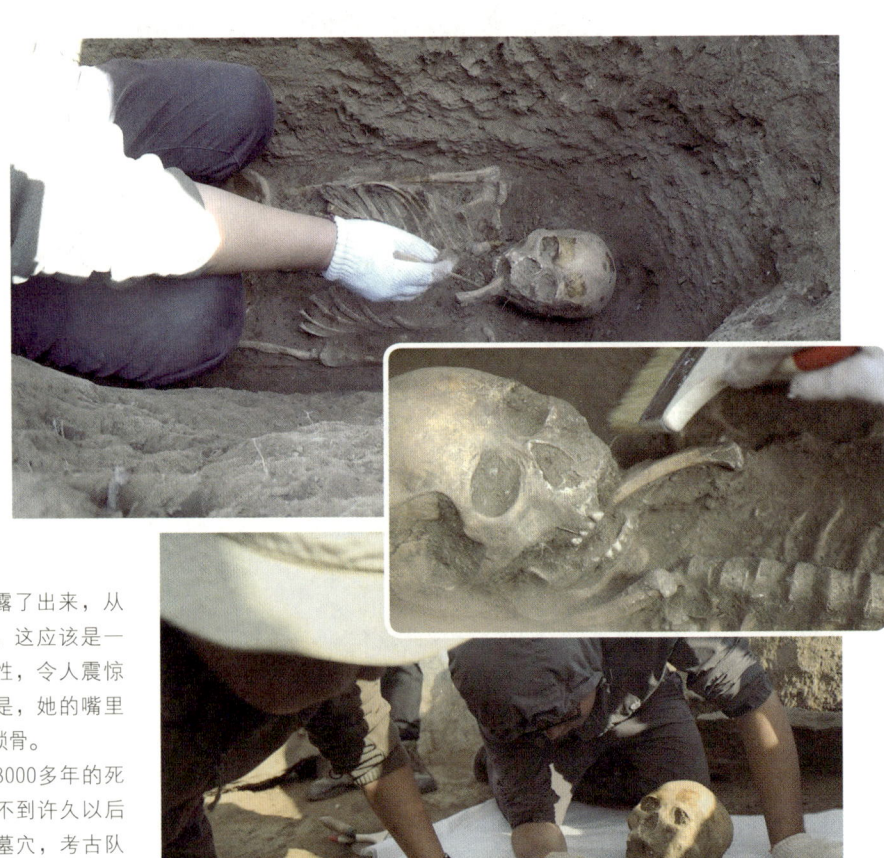

▶ 遗骸全部露了出来，从骨骸上看，这应该是一位成年女性，令人震惊和不解的是，她的嘴里叼着一根锁骨。

长眠于此3000多年的死者，绝料不到许久以后会被请出墓穴，考古队员将她的遗骸从墓穴提取出来。

行了很长时间。那么葬在石板墓里的草原游牧民族，是些什么样的人呢？

经过一番发掘，遗骸裸露。在场的蒙古族考古队员说，早些年，草原上有将兽骨叼于死者口中的葬俗，问题是，考古现在的这位死者叼着的显然是人的锁骨。那么这段锁骨会不会是她自己的呢？

根据遗骸判断死者的性别是考古人的基本技能，墓中死者的性别可以清楚地得出结论，是一位女性，那么，她是多大岁数死的？在考古现场，判断死者的岁数，最直观的方式就是查看牙齿，不过，草原民族以肉食为主，大部分人尚在青年时，牙齿的磨损就比较严重了，依据牙齿判断年龄只能作为参考。最后经研究，死者的去世年纪在30岁上下。

继续查看骨骼，为的是索取更多信息。椎骨，未见因长期负重发生的变形，3000多年前的草原上已然有了贫富贵贱之分，死者生前或许是一位无须劳作的贵族。锁骨，在古

▼
用细筛筛土，这又是为了哪般呢？考古人员在找什么？
这就是令考古队员如获至宝的发现，比黄豆略小的白色管珠。葬在这里的女人生前是佩戴挂饰的。实际上，前段时间的发掘，已经找到了几十粒这样的珠子。

▲
绿松石，玛瑙

呼伦贝尔地区不产绿松石，距离这里最近的产地在陕南、鄂北。4000年前，生活在这里的古人是怎么将绿松石搞到手的？令人费解。

▲
兀良哈

新巴尔虎左旗博物馆馆长，人高马大却是个心灵手巧的人。他将出土的小器件穿在一起，不一会儿，一条极富美感的串饰（玉明）展现在了大家的面前。

草原墓葬

破坏力最强的并非啮齿类动物。竖着的石板下边,手铲下露出了破碎的头骨。比起在它前面发掘的上颌被草原鼠啃食了的女人,这位要悲惨得多,因遭盗掘,他(她)身首异处。

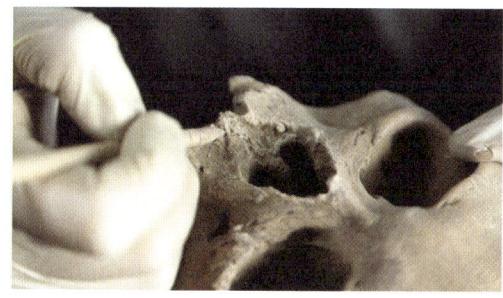

入土为安,这位女性,没被同类或者大型猛兽侵扰,却被小小的草原鼠破了面相。

时,这个部位极易受到创伤,细细查看,未见伤痕。遗骸全都被提取了出来,墓里的土同样需要细细甄检。

提取出来的遗骸都要被装进密封袋子里,以避免遗骸遭到二次污染,影响日后对遗骸做DNA检测的准确性。凭着遗骸,考古队员再查死者的年龄。当下的考古早已不是田野发掘的单打独斗,多学科的介入,使得信息的获取具有非同从前的深度和广度。再次观察遗骸的是人骨考古的专家。如同刑侦,根据遗骨的体质特征,可以判断死者的年龄、性别、族属、健康状况以及死因,等等。

探查的结果,女性死者的年龄的确是在30岁上下,未见明显的疾病特征。

接下来的发掘,怪事接连不断。

墓室外围竖着的石板很是规整,墓室里平铺着的石板却是杂乱无章,考古队员去伪存真，搬走无序的石板，留下对探究此类墓葬文化内涵有用的石板。探究石板墓的文化内涵，首先得搞清楚修筑这些墓葬的，也就是葬在这里的是些什么人。先前发掘出土了的那具女性遗骨，自头骨的体质特征看，与当下的草原民族有些类似，不过，只凭一颗头颅便推导出石板墓里死者的族属是不科学的，面对大多被早期盗掘的墓葬，接下来的发掘，还会有遗骨出土吗？

呼伦贝尔石板墓的发掘说到这会儿，做个插叙，说说呼伦贝尔考古的领军人物——民族博物院的院长白劲松。白院长的亲弟弟是央视名嘴白岩松，或许是基因雷同，白院长的口才绝不亚于他兄弟，不同的是，考古大草原，几十年了，白院长走遍了呼伦贝尔的草原、密林、大山和沼泽。

白劲松院长（左一）
一方水土养一方人，大草原孕育了这位蒙古族汉子的开朗、奔放与豁达。

扎赉诺尔人头骨
距今10000年，新旧石器的交替时代，大草原孕育了早期文明的形成。

哈克文化玉面人
距今7000年，哈克文化遗址的发现与发掘填补了中国东北部史前文化空白。

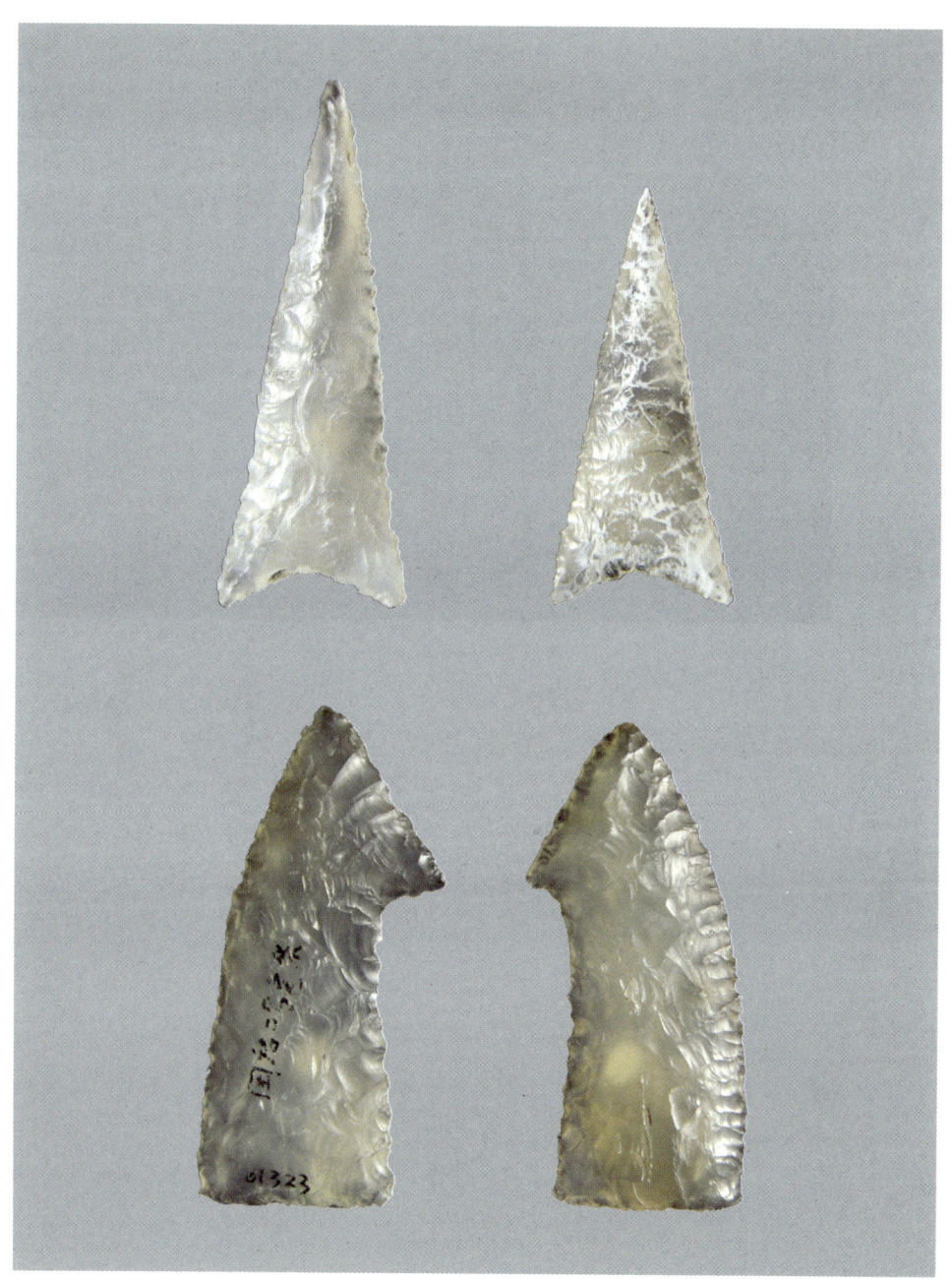

▲
石英的箭镞和石刀
做工精细,箭镞用以狩猎,石刀用作分解猎取。

▲
嘎仙洞
北魏皇帝刻祝文于石壁,自此,鲜卑南下西去,开启了中华文明新篇章。

在大草原上进行考古,发现这片草原上既有新石器时代遗址,又不乏早期蒙古墓葬。在大森林里发掘,出土的诸如黄火地遗址,印证了早期先民走出森林,走向草原的文明历程。考古队员在这里经过多年的努力,重大发现层出不穷。

这次的草原考古,对考古人员来说是全新的考验。墓室较深,往下发掘,突现怪事,工地上一下子炸了锅,考古队员惊叫。究竟出了什么怪事,以至于令见多识广的考古队员惊诧呢?原来是在墓穴里发现了草。当然最后判断是虚惊一场。

虚惊过后,继续发掘,当真如考古人员所料,墓中的遗骨全乱了,借助凌乱的遗骨,考古人员读到的是怎样的信息呢?

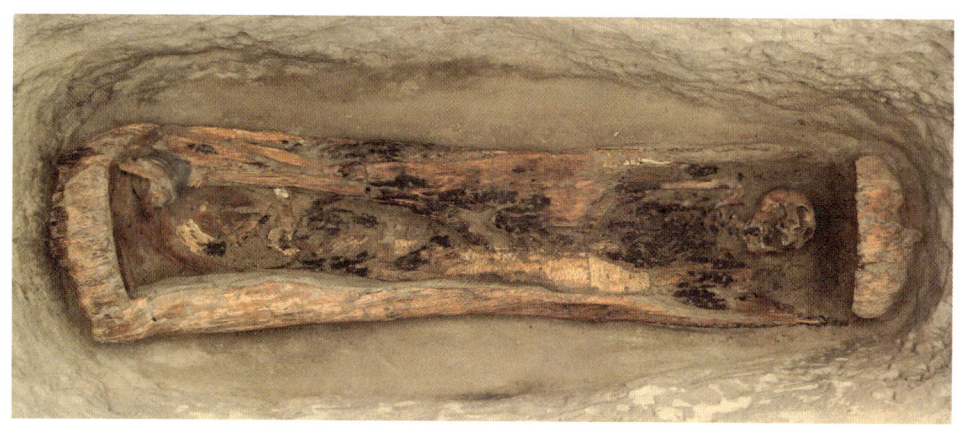

岗嘎早期蒙古墓葬
以数百年的整棵的樟子松雕凿而成的独木棺是这一时期草原民族特有的丧葬形式。

不一会儿，墓葬的遗骨都清理了出来，人骨考古专家再次上阵。做人骨考古，除了要熟知人体骨骼的基本常识，还要是考古发掘的行家里手。经过研究，死者椎骨上有明显的骨质增生症状，人骨考古专家判定，死者生前有着严重的腰椎重疾，可以肯定的是，死者是一个从事体力劳动的人。

考古队在呼伦贝尔石板墓的发掘已经快一个月了，喜悦伴着艰辛，借助遗物对话古人，收获总是不期而遇。

处在祖国东北边的呼伦贝尔，草原文化渊源深厚，源远流长，与中原早期文化亦是有着广泛的交往与交流，考古呼伦贝尔，见证的简直就是历史的万花筒，上至距今万年，下至元明清，应有的有，意想不到的也是常见。

本次对石板墓的考古发掘，人员多是蒙古族，其中有个来自吉林大学考古文博学院的博士，名字怪怪的，叫"74"。我问他："这是你身份证上的名字吗？"他说："是。"再问："爹妈怎么给你起了这么一个名字呀？"他说："我出生那年，爷爷74岁，就这么着，爷爷就给我起了74这个名字。"

▶ 墓穴里怎么会有草呢？虚惊一场，不过是小动物打洞做的窝。不但啃食遗骸，小动物还热衷与人骨为邻。

考古那些事儿

▲
石矛
体量巨大，操持它的人体格一定十分健壮。

▶ 新的一天，发掘又见神奇：多颗随葬的马头。3000多年前生活在草原上的古人将马奉作圣物。

▶

关于草原与平原之间的交流，古已有之。玉璧，这种源于中原的祭天礼器，很早以前就传到了草原。

▶

精美的挂饰，宝石来自内地。

▶

青铜双马牌饰。

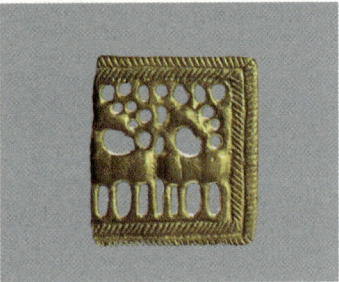

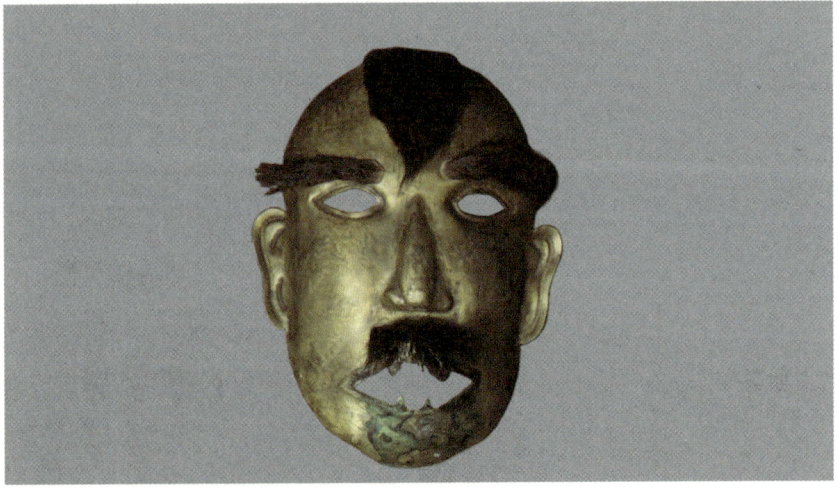

1. 环状的金耳饰，可以想象，这件耳饰的主人绝对非同寻常。
2. 双马挤兑人头，马是草原民族的家庭成员，没有马，便无草原文明。
3. 金牌饰，令人不解的是，出土的时候它仅有一半。
4. 金面具，早期蒙古的遗物，粗眉重髯阔耳，额前一撮童子缕，威仪中透着诙谐与憨直。

不同于其他考古工地,在草原深处做考古,环顾四野,360度都能看到地平线,这才叫敞亮,前文中我说了,在这种环境下发掘,心情就是不一样。呼伦贝尔考古,虽然艰苦、艰辛,但也很享受这种身在其中的感觉。工地周边广袤、豁达,最为重要的,因为是首次对石板墓的发掘,所以,出土了什么、见到了什么,对于考古队员来说都是新鲜的,几乎每天都有机会感受新鲜事物,心情能不好嘛!

▲
处在最前面侧身发掘的人就是74,无论工作还是休息,恰如他的名字,直接、明了。

第十一件事儿

巴蜀"船"奇

开明王朝的船棺

2016年9月，四川省成都市蒲江县黄金地段上的楼盘停止了施工，因为发现了古代遗迹，建筑队撤离，成都文物考古研究所的考古人员进驻。

人死，谓之驾鹤西去，也有不屑骑着仙鹤离开的，这一次，考古发掘碰到了躺在整棵楠木凿成的、形如小船的棺材里——乘舟西去——的古人。持此葬俗的是些什么人？这些离奇的棺椁凿制于何时呢？是谁、在什么时候、出于什么样的动机制作了这些形如小舟的船棺呢？

从考古人员进驻到2017年2月，考古发掘工作已经进行5个多月了，考古工地有半个足球场大小，完成发掘、正在发掘和业已探明的墓葬多达60座。

紧挨着船棺，古河道的印迹清晰可辨。曾经，每逢雨季来临，船棺便被淹没于水中。以舟为棺，如此葬式，地域特色明显，这是依水而居的古代先民将生的概念添加于死的事实。亲人去世，凿木为舟，死者的身体

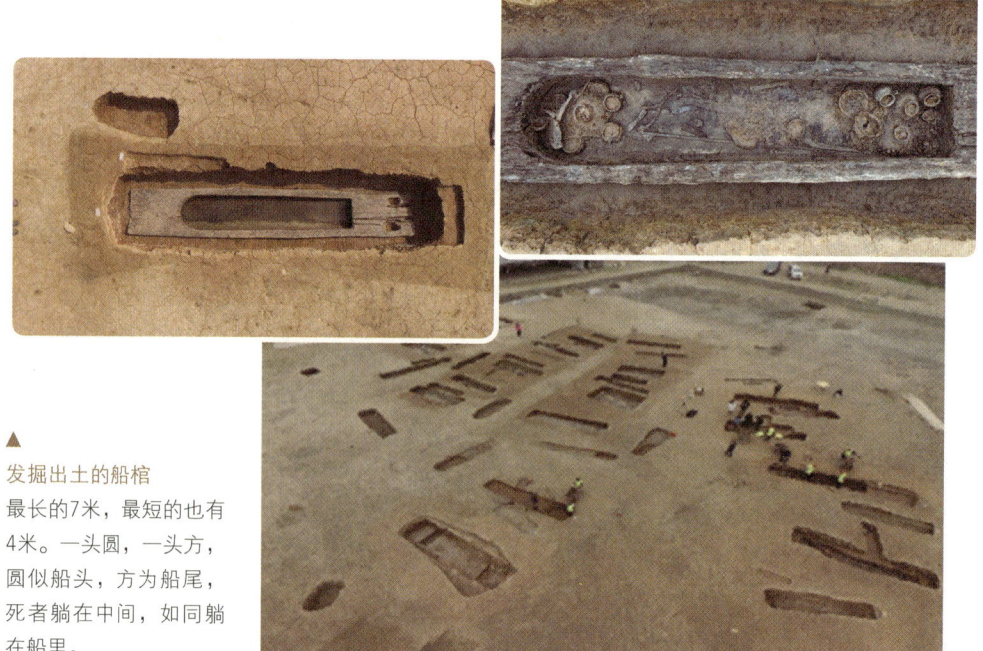

▲
发掘出土的船棺
最长的7米，最短的也有4米。一头圆，一头方，圆似船头，方为船尾，死者躺在中间，如同躺在船里。

▶ 李佩

供职于成都市文物考古研究院，考古学硕士，她是中国考古界为数不多的常年置身田野发掘的女考古人之一。

和魂魄被小舟一样的棺材载到另一个世界，船棺亦谓之"载魂之舟"。

船棺现身于蒲江，浦江古名为广定，始置于西魏恭帝元年（公元554年），这里多山多水，自古就是一个富庶之地。而这里的船棺，多以直径近1米的整棵楠木凿制而成。当下，楠木的价值不菲，古时亦非一般，有资格躺在楠木船棺里的人绝不寻常。

早晨8点，上工。考古工地没有星期天和节假日的概念，全国所有的考古工地都这样。

考古是一门苦差事，我们大老爷们始终如一坚守田野，已然艰难，对于女队员来说就愈发不易了。记得20世纪90年代初，我在西藏做科考时，队中有一个来自国家博物馆的女队员，结果呢？30多天的风餐露宿，为了这一位队员的"内急"，或者男队员急需方便，着实让人头痛得很。30多天，考古队员多在平展的荒漠和戈壁工作，一望无垠，没遮没拦，唯一能被当成厕所的只有越野车。车的右方，是女队员的专属；车的左方，是男队员的特区。方便完了，得先高喊："完事了吗？"车那边回复："完事了。"接下来，一同相背起身。当然啦，眼下的考古，在蒲江做考古早已今非昔比。不过，亭亭玉立的姑娘，风吹日晒，下坑上梯，蹲身葬坑，查找遗迹，李佩怎么就能坚持下来了？唯有一条可以解释：喜欢，真的喜欢考古。

考古发掘，通常是谁也拿不准手铲下边下一分钟会出现什么样的奇迹,有人说,考古之所以充满了魅力,就在于期望总是与奇迹相伴。有一点需要解释一下,何谓考古的奇迹?不同于盗墓挖坟,意在随葬器物。考古,在于索取文化信息,既然是索取信息,很多时候,发掘出土了一块具备里程碑意义的陶片,在学术上甚至可以媲美兵马俑。当然了,对于广大受众来说,陶片的展示效果,或者说,陶片的社会教育实效,确实无法和兵马俑相提并论。前两年发掘的江西海昏侯墓为什么能引发巨大的社会轰动效应?一个重要的原因在于出土了包括极为亮眼的金器在内的2万多件精美的随葬器物。

在这次考古发掘中,泥土下也露出了一堆陶器,陶器常被考古人当作甄别遗址的年代所属和文化属性的依据。眼前的陶器显现出来的是战国时期文化特质——船棺的下葬年代距今已有2000多年。战国时期,在正史或野著中,鲜有丝路的记载,因为出土的文物,对蒲江船棺墓葬的发掘却勾起了考古队员的无限遐想。

就图中的珠子,考古界将这样的遗物称作"蜻蜓眼"。其实,"蜻蜓眼"不过是玻璃制品,现在看来值不了多少钱,但在战国时期,中国尚

蓝色的珠子,状如蜻蜓的眼睛。

无人懂得玻璃制作工艺。它是一件舶来品，来自西亚，单就它不辞辛劳辗转万里，路远迢迢来到巴蜀，便实属不易，可以肯定的是，早于汉武帝打通西域大通道之前，东西方文化交流便已然存在了。西亚的宝物怎么跑到巴蜀来的，并且成了长居于此的古人的随葬品呢？考古工地最不缺的就是疑问，旧的疑问尚未破解，新的疑问又来了。

青铜剑
双刃呈柳叶状。因为双刃状似柳叶，这种兵器被称作"柳叶剑"。

青铜矛
秦篆阴刻，"成都"，这是迄今发现的最早的"成都"实证。

青铜釜
炊具。这种器形较大的铜釜并不常见，能用得起这类炊具的人非富即贵。

工地上，但凡有重大发现，众人常会激动得手舞足蹈，即便像李佩这样的女队员都会在晚饭时，在街边小店，与众人推杯换盏地庆贺一番。在这次的考古发掘过程中，出土的一些兵器是巴蜀地区特有的，例如上图中稍短的剑身，便于丛林作战，利于近身杀敌。再如令考古队员惊诧的一件兵器——矛，矛的出土堪称重大发现。上图中的青铜矛身上的阴刻——猛虎的下边，有两个秦篆——"成都"。关于"成都"名称的由来，《太平寰宇记》中说："以周太王从梁山止岐山，一年成邑，二年成都，因名之曰成都。""成都"之名起于何时？由这个迄今发现的最早的"成都"可以断定，至少2000多年前了。带"成都"铭文的铜矛，表明了它的产地，可以确认，成都在战国时期是西南地区手工业的一个中心。

青铜矛的柲杆依旧保存完好，柲杆长度为182厘米。

考古发掘出土金属兵器屡见不鲜，但能见到柲杆，特别是秦汉之前的木质柲杆却是凤毛麟角，这一发现颠覆了现代人对长矛柲杆长度的认定。柲杆太长，前刺时难以收手，只有当柲杆略长于身高时，矛在使用时才能得心应手。

整取柲杆，文保专家来到工地。

根据史料记载，2000多年前，巴蜀地区曾有过一个较开明的王朝。公元前316年，秦惠文王遣张仪、司马错南下灭巴蜀诸国。国虽没了，但开明王朝的旧族仍旧固守着本族的习俗，包括以船为棺。秦灭巴蜀诸国，并没有将土著贵族赶尽杀绝，而是为臣服了的开明王朝的旧族封官委任。以船为棺，随葬器物彰显着开明国的特质，因此得出葬在船棺里的人是2000多年前开明王朝的旧族。

清楚了船棺的下葬时间和墓主人的身份，疑问又来了，2000多年前，蒲江在巴蜀有着什么样的地位，使得这些旧族遗贵选择蒲江作为归宿地呢？墓葬区的南边是形如火焰的长秋山，北边是绵柔似锦的蒲江，将这里当作荡舟西去的起点在于极佳的风水。中原王朝认可了开明旧族在蒲江的特权，而得到认可的前提在于，蒲江之于中原王朝，担承的是至关重要的作用。

3月的蒲江，不大不小的雨总是不期而至，发掘工作被迫停了下来。趁着下雨，工地泥泞无法开工，考古人员便进山做相关文化调查。

山外的小雨淅淅沥沥，山里却是艳阳高照。

▲
日复一日，考古的标准姿势：蹲着，干考古必须蹲得下来。

▶
摩崖造像，始凿于汉，截止于宋。

▶ 前些年,这口井曾被考古发掘,这是一口汉代盐井。考古发掘证实,由汉至唐,古人在这里采盐,历经数百年。

▲ 这口形似铁锅的大家伙出土于蒲江,名曰"牢盆",是2000多年前熬盐的用具。

　　斑驳的石板路隐约可见,带路的老乡说,20世纪50年代前,常有驮着盐和茶的马队从这里经过,这里是曾经的茶马古道,自蒲江西去,即可到达藏族聚集地。

　　《华阳国志·蜀志》中记载:"穿临邛、蒲江盐井二十所。"根据以往的调查,考古人员在蒲江发现过几十口秦汉至唐宋的盐井。古时的蒲江是产盐重地,这里产的盐不仅供应巴蜀,而且外运至云、贵、青、藏等地区。《战国策·秦策》上记载,秦并巴蜀之后,西控成都,沃野千里,有了最重要的经济支撑,秦能统一六国,占据巴蜀是一个重要原因。产盐的蒲江对中原政权来说至关重要,蒲江为朝廷成就了大量税

▲
上图：秦半两铜钱，2000多年的蜀地，秦半两铜钱是通行的货币。

下图：青铜璜，古时的礼器，这是起源于夏商的中原文化遗物。双龙四足，飘逸，璜流连着神异。

收，因此，开明王朝的旧族被特许固守本族遗俗，而富甲巴蜀的经济实力，致使开明王朝的丧国旧贵有能力耗费大量的人力、物力制作船棺。再有就是，蒲江盛产制作船棺的楠木，在当下密林间楠木随处可见，据说，这些珍贵的树种都被登记在册，绝不可随意采伐。

第二天在发掘现场，又现神奇。就是上图大家所见的秦半两[1]铜钱，它在这里并非用于贸易流通，仅是一件赏赐品，

---

[1] 秦半两：秦代货币。圆形方孔，由铜铸成。钱币上有"半两"二字。秦始皇统一六国后，规定以此种半两钱为全国通行的货币，这也是我国最早的统一货币。

▲ 青铜斤，形如斧，但并非用于劳作，而是权力的象征。随葬着这只青铜斤的墓主人，身份不低。

也就是说，当时蜀地交易媒介不是秦半两铜钱。出土的秦半两铜钱说明开明王朝时期，蜀地已归顺了秦朝。在船棺，也就是开明权贵的墓葬里发现这类器物，也说明，中原文化已然被巴蜀接受。

接下来的发掘，再一次震惊了考古队员——出土了许多怪异的印章。

实际上，出土印章，这在蒲江考古工地上并非首次，学术界将它们称之为巴蜀图语印章。蒲江船棺墓葬群一共出土了14枚印章。或圆，或方，或矩形、半圆形、椭圆形，还有月牙形和"山"字形。印文有些像汉字，有些像花卉、像火焰、像山脉，它们是家族的族徽，还是通信的密语？或者是古巴蜀的文字呢？迄今，尚无明确的解答。

印章中的巴蜀图语究竟作何表意？巴蜀地区从新石器时代宝墩文化到三星堆、十二桥文化，古文化发展序列很是完整，如果巴蜀图语能被破解，或许巴蜀文化源头之谜，便能迎刃而解了。蒲江船棺墓葬群考古工地的考古发掘，60座船棺相继露出了真容。探究船棺承载着的隐秘，考古人员表示这才刚刚开始，要做的工作还多着呢。后续我再为诸位解密吧。

▶ 发掘中多见这种怪异的印章。

▲ 巴蜀图语印章

早有出土，却无人能够解读印文的表意。

第十二件事儿

汉墓奇珍

"祸不单行"与奇迹再现

▲ 体量巨大的棺椁，对于实验室发掘来说，是前所未见的。

还记得我在前面提到过的"实验室发掘"吗？今天，在太原市博物馆的地下一层，考古人员将一个巨大的棺椁运到了这里，把这里作为实验室发掘的地点。因为这里具备恒温、恒湿、恒定的发掘条件，再有就是，这里警备森严，无关人员根本进不来。

这个巨大的墓棺长5.45米，宽2.6米，重50吨，个头虽大，但它仅是整取自太原市悦龙台西汉代国王陵的祔葬墓。葬在这个大家伙里的人是谁？棺椁里随葬着什么样的宝物？

发掘墓棺的第一步，揭取椁板。考古人员采用的是薄荷醇提取方法，这种方法我在前文中提到了具体操作过程。薄荷醇提取是近年来发明的科技手段，提取文物既便利又安全，而且，薄荷醇不会对文物造成任何伤害。

下图中那位戴眼镜的中年人叫冯刚，他是本次考古发掘的执行领队。在发掘过程中，冯队长事无巨细，都得过问，需要花气力的时候，冯队长也亲自上阵。干考古这行意味着常年"背井离家",而且考古人的脸通常都显得"很糙"。冯刚开玩笑说,他这个相貌,常被小孩叫作爷爷,事实上,他不过40来岁。

将体量巨大的棺椁带回实验室,其中的随葬品绝对令人期待,而且参与本次实验室发掘的专家团队亦是顶尖:北京大学文博学院、国家博物馆、山西省文物考古研究所、太原

1. 冯刚(左一),执行领队。
2. 为了确保文物的安全,考古队悬空着搭起了架子,发掘的时候,只能趴着实施。
3. 揭取椁板,最忌着急,实验室所有人员齐上手,众人施展相同气力,步调一致,确保文物的安全。
4. 揭取椁板后,椁内实情一目了然,棺在一边,另一边用作放置随葬器物,下边是脚箱,也是放置随葬器物的地方。

市文物考古研究所等。

取走椁板,考古队员用金属探测器探测椁内和棺内有无金属器物,刚一上手,探测器就迫不及待地发出了清脆的鸣叫,可以肯定的是,椁内和棺内随葬着不少金属器物。

稍事清理,现身了一枚铁镇,镇是用来压椁内覆盖物的,这类东西理应是对称摆放的,当真如考古队员所料,不一会儿,四枚铁镇全都现了身,而且是青蛙造型。古时,人们认为蛙是神,有学者认为,抟泥造人的女娲即由蛙而来。究其原因,在于蛙有很强的生育能力,再者,因为蛙有秋伏春出的冬眠的生物特性,令古人敬之有"起死回生"的神性。

棺椁原本所在的大墓位于当地高速公路旁。大墓是因施工而被发现的,由于大墓的现身,施工区域都被叫停了,据说,太原市政府有将大墓所在区域建设成文化遗址公园的设想。

棺盖已然破裂,清理掉散碎的木屑,宝物现身——青铜剑柄!汉代,有点身份的成年男性都要佩剑,由此判断葬在这里的应该是一名男子,至于说,葬在这里的位高权重的男人姓甚名谁?这是考古队员急于

▲ 铁镇
静卧的青蛙造型。

破解的谜。

考古发掘不易，实验室发掘更是极其较真，花大钱、费牛劲将棺椁搬运回实验室，为的是做到最为精细的发掘，因为在实验室发掘，不受气候等外界因素的影响，没有那些坐立不安、强作笑颜、软磨硬缠的施工队在旁边催促，考古人员可以静下心来，反复琢磨，万无一失、最大化地获取文化信息，并确保文物的安全。当下的考古发掘，通常都是配合基建，主动性的发掘占所有发掘项目的比例很小，虽说考古发掘是配合基建的，但即便是国家重点工程也得给考古让路，因为文化遗址是不可逆的，是中华民族不可复制的财富。

接下来的发掘，对于考古人员来说，当真是见到亮眼的东西了。竹签

▶ 青铜短剑的剑柄。这是一把贴身兵器，汉代，贵族男人出门的时候都要佩剑，这倒不仅为了防身，更多的是彰显身份，体现礼仪。

▶ 继续清理，青铜剑柄下边压着环首刀。环首刀，铁制。一把，两把，三把，竟然现身了三把环首刀。

▲ 西汉前无纸,这样的刀常被用来修改写在竹木上的笔误,故而也叫"书刀"。探究墓主人身世之谜,死者是个识文断字的成年男性。

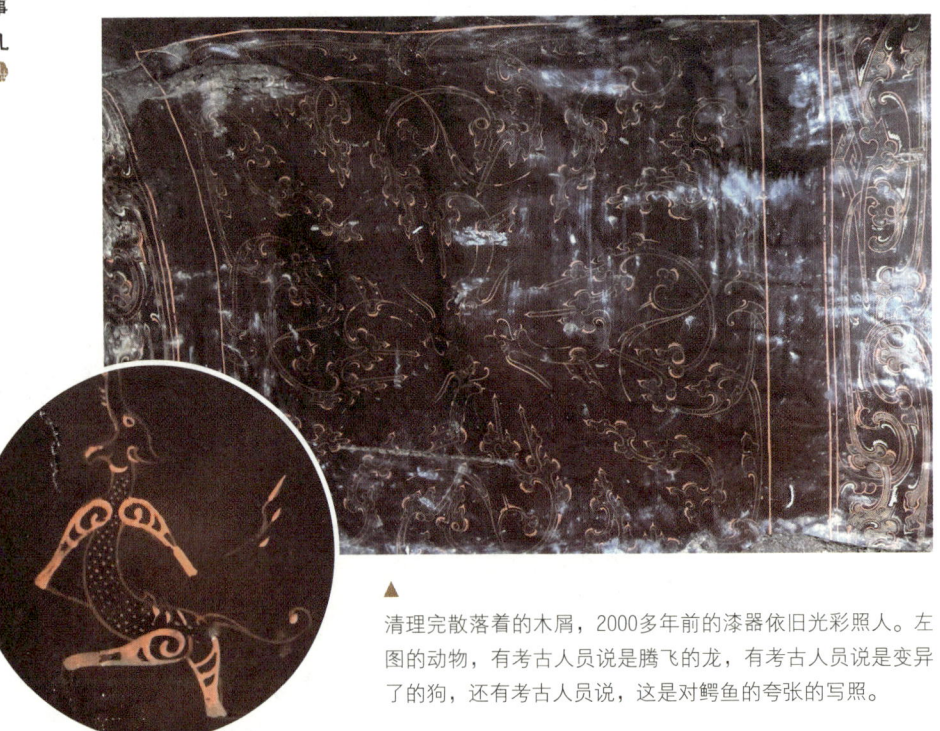

▲ 清理完散落着的木屑,2000多年前的漆器依旧光彩照人。左图的动物,有考古人员说是腾飞的龙,有考古人员说是变异了的狗,还有考古人员说,这是对鳄鱼的夸张的写照。

下渐现黄金——墓主人的社会地位不低,有可能是西汉代王的直系亲属。

随着葬器物露出真容,考古人员发现竹签下并不是黄金,而是一枚锈蚀严重的玉带钩,考古发掘碰上这样的事情简直是司空见惯。有这么一件事,前些年,陕西考古研究院发掘一处西周墓葬,泥土下露头了一尊青铜器,就在这时,工地上来了一群专家,专家看过发掘情况离开后,考古人员继续发掘,器身全部袒露出来,您猜怎么着?根本就不是什么青铜器,而是一件十分常见的陶器。

接着说悦龙台大墓的发掘故事。在实验室发掘,接下来是头厢部位。汉代,棺的前边通常都会有头厢,头厢被用作放置随葬器物。

值得一说的是墓中随葬的漆奁。汉代,漆奁是用来盛放女人的梳篦、脂粉等化妆品的,令人兴奋的是,金属探测器挨近它时,机器会发出鸣响——其中肯定有金属随葬器物。

▼
玉质的带钩,器身上的刻画如同飘逸的花瓣,想象一下,2000多年前,男性墓主人佩戴着它,高贵、典雅、气派!

顺便说一下，汉代，男人也是要化妆的，特别是出席正式场合时，这是汉礼规制。比如说，我在参加江西南昌海昏侯墓发掘的时候，第一时间见到了海昏侯刘贺内棺里随葬着的数只漆奁的出土，打开漆奁，残留的化妆品、小巧的铜镜、容量不同的铜勺，化妆用具一应俱全——汉废帝刘贺尚且在意"装修"自家门面，葬在太原悦龙台古墓里的汉代权贵理应也是注重仪表的。

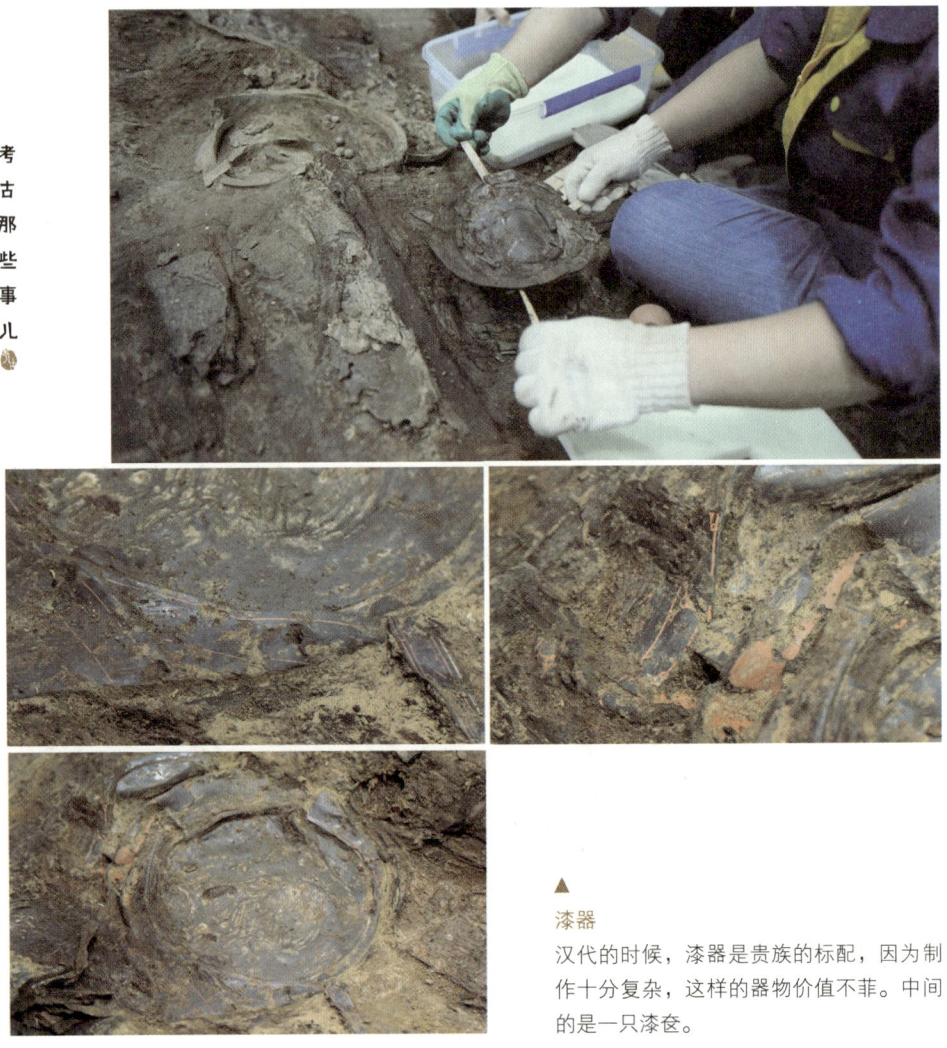

▲
漆器
汉代的时候，漆器是贵族的标配，因为制作十分复杂，这样的器物价值不菲。中间的是一只漆奁。

▲
漆奁内装的金属器物是一面青铜镜。

经考古人员发掘，令金属探测器鸣响的是漆奁内的一面青铜镜。铜镜的背面有精美的纹饰，这种纹饰是空间概念的写照，中间大一些的凸起，象征着"中"，上下左右四个稍小一些的凸起，寓意东南西北四个方向。这面铜镜曾经映照过的是一张什么样的脸呢？换句话说，墓主人姓甚名谁？破解墓主人身份之谜，更待何时？

接下来的发掘，出土的器物同样让人眼亮。

终于，内棺露了出来，这是不是预示着破解墓主人身世之谜将要真相大白了呢？新的一天，实验室发掘刚刚开始不到半小时，再现神奇。

▶
铜镜
做工细腻，但破碎严重，来自北京大学文博学院的文物保护专家胡东波教授亲自上阵。

▶ 木梳

该怎样注释新的发现呢？索性，我还原一下当时考古人员在现场的语言表达："慢点，微微发亮，像牙齿。""是，是，牙齿吧？""是，牙齿，臼齿！""臼齿，目前看到是有两颗了！"

日后借助基因检测手段，或许能够从牙齿本身得到墓主人的性别、族属、健康状况、食物构成等信息。

接下来的发现又是在一段对话中进行的："红色，

▼ 陶片
红色的纹饰像是对某种动物的抽象化刻画。

是什么？""呀！是珠子，带穿孔，穿孔里面有线，是项饰，应该是一串。""快看，黄色的，也是小饰品，有点像玛瑙。""这边还有，透明的，这像是水晶。"……

新的一天，考古人员感受到的是更大的惊喜，破解墓主人身份之谜，终于触及了临界点，考古人员先是没再往下发掘，一起跑到实验室外边，互相击掌。

带给考古人员更大的惊喜的，就是图上的这枚玉印。当初发掘海昏侯刘贺的大墓时，也是靠其玉印才确定墓主人的。这会儿在墓中发现了玉

新发现——墓主人的牙齿。

出土的饰品。

印,大墓主人究竟是谁要被最终确认下来了。

现身内棺的这枚玉印,玉质上乘,做工考究,没有印纽,是一枚台纽印,上边有一个小孔,小孔是用来穿系带子的,这会是墓主人的私印吗?如果是,印文上刻着的会是什么字?只要提取印文,就能破解谜团,太让人期待了!

但现实令考古人员大失所望,印面竟然干干净净,啥也没有!根据印文破解墓主人身份的期望落空了。

常言道,"祸不单行",如果将光板儿玉印的发现认定是"祸"的话,接下来的发掘还真应验了这个老理,棺内又有了让考古人员茫然的印章现了身。

最初发现的玉印是个光板儿,只字全无,接下来发掘出土的印章倒是有印文,遗憾的是,印文看上去像字又非字,像动物吧,过于抽象。解读印文,众人都蒙了。如此印文,对于考古人员来说并不陌生,四川蒲江船棺墓出土的印章,亦是让人摸不着头脑。

▼
玉印

▶ 印面干干净净，令考古人员大失所望。

▶ 接着出现的印章，印面上有印文，但解读印文令人迷茫。

接下来的发掘，仍旧惊喜不断。棺的左侧随葬较多，但因椁板移位，部分器物被压在了下边，为了确保随葬器物的安全，考古人员决定拆掉左侧的椁板。继续发掘，考古人员愕然了，先前认定的青铜剑变了身。

虽然前边的发掘有些"祸不单行"，但接下来的发掘倒是可喜的。夺目的金器接二连三地现身，黄金饰件，细腻典雅，美轮美奂，堪称极品。

好事还没完呢，继续发掘，奇迹再现。宽窄相近的木条成排成列——是简牍！下页图中的简牍是在红外线灯下的效果，一般情况下，简牍在出土的时候是黑黑的，啥也看不

▲ 精美的金器。

▼ 红外线灯下的简牍,宽窄相近,成排成列。

▲ 青铜剑变成了青铜戈。

清,但是,经红外灯照射,上边的文字就能显现出来了。

太原市古代墓葬的棺椁里现身汉代简牍,是山西黄土高原半干旱地区的首次发现。由于简牍朽毁严重,慎重起见,考古人员将简牍整体打包,送到了条件更为完善的北京大学考古文博学院的考古实验室。解析简牍,考古人员收获颇丰,不过,要将散碎简牍上断断续续的文字组合到一起,尚需时日。整取自悦龙台西汉代国王陵的祔葬墓的墓主人究竟是谁?但愿,自这些简牍中能找到答案。

第十三件事儿

瑰宝探奇
考古实验室里的外科手术

▲
浙江衢州西周土墩大墓。

浙江衢州，西周土墩大墓，墓室惨遭盗掘，椁室里的随葬却安然无恙，而且数量繁多，精美异常。事关重大，随葬器物被整体装箱，运到了北京。实验室发掘，稳扎稳打，步步为营，借助遗物，破解谜团。

载重汽车白天进不了北京城里，只能等到半夜。深夜12点多，车到达目的地，王府井大街27号，中国社会科学院考古研究所，随后，装着春秋战国大墓的随葬器物的木箱被搬进了考古实验室。(2019年12月，考古所告别了待了一个多甲子的办公老宅，搬到了奥运村附近。)

中国社会科学院考古研究所的考古实验室，恒温、恒湿、恒定，路远迢迢地将出土于浙江衢州的随葬器物拉到这里，为的是确保文物安全，最大化地获取文化信息。

考古发掘，通常都是前一分钟难料下一分钟会有怎样的发现，对远道而来的浙江衢州西周土墩墓随葬器物的发掘也是如此，即便说部分器物已露端倪。接下来的工作重点，是

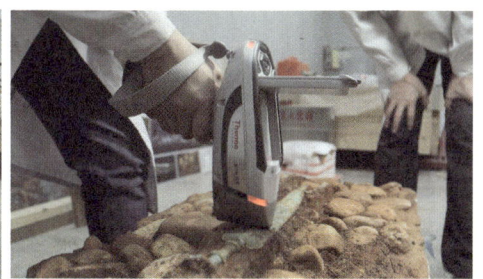

▲
左图：将随葬器物整体装箱前，随葬器物连同泥土都被石膏紧紧地固定在了一起，打开石膏盖板，随葬器物现身。
右图：考古人员手持的仪器是专门探查金属随葬器物成分特质的。

将随葬器物全部提取出来。

提取器物很是繁杂，不仅需要丰富的经验，亦需一丝不苟的工作态度，每一个动作都必须到位，因为考古发掘是不可逆的。

在出土的马头的泡饰中，大的泡饰应是一套，螺丝转儿的管饰也是一套，小的泡饰是一套，更小的泡饰也是一套，正好是四套；一种管饰，三种泡饰，正好四种，四套马饰应为四匹马所用。可以想象，能用奢华的青铜马具装点于马身，墓主人生前出行是何等气派。

◄
青铜管马具
长3厘米，直径1厘米的青铜管马具。管子的表面装饰着繁复的弦纹，仅是马具，竟然这么讲究，想必，2000多年前，葬身衢州的马具的主人绝非常人。

◄
青铜泡饰
它的功用是穿缀在一起，装饰于马头两侧。

出土于河北行唐故郡的中山国车马，马头装饰着饰件，不过不是青铜，而是以贝壳编缀而成的。

考古那些事儿

椁室里仅见马具，未见随葬的马匹。《周礼》中明确规定，士死，仅可随葬马具。依循《周礼》，马具被从马身上拆解了下来，埋在了墓主人的身边，墓主人有可能是一位士级贵族。2000多年前，青铜马具是身份地位的象征，2000多年后，青铜马具成了古今交流的文化载体。

生活在浙西大山里的2000多年前的古人，刻画出来的猫头鹰，稚萌、矜持。对来自衢州大墓的随葬器物的实验室发掘，让人瞠目和费解的事着实不少。

下图中提到了绿松石，我要讲个有意思的事情。

发掘、提取青铜器的时候，考古人员发现了一堆黑灰色的碎石，古人为什么要将碎石作为随葬呢？考古人员虽想不明白，但也没在紧张

224

1. 狐疑着双眼，这应该是学名为鸮的猫头鹰，蓬发，尖嘴，圆目，萌萌的。
2. 红山文化玉鸮，距今5000年。古时，猫头鹰被敬为神。
3. 商代青铜鸮尊，距今3000多年了。双腿，连同尾巴，三点撑起器身，商人铸造出这尊如同当下卡通形象的青铜器，在于敬神还是娱神？当今的人盯着它，少了严谨，多了愉悦。
4. 头尾相顾，逶迤着，作反S状，暂时无法考证是蛇还是龙。
5. 绿松石镶嵌的双眼，圆瞪外凸，似愠怒，似懵懂。

混杂于青铜器的碎石是什么？为什么这些看似不起眼的碎石会与身价不菲的青铜器混在一起呢？

的发掘过程中顾及这堆碎石，直到有一天，考古所里从事古玉研究的专家被请进了实验室。请古玉研究专家来实验室为的是给嵌在似龙似蛇的眼睛上的宝石做定性。专家到位，当即确认，嵌在上面的就是绿松石。鉴定完似龙似蛇的眼睛上的宝石后，古玉专家无意间看到了已经被整取出来，堆在一边的碎石。古玉专家即刻低下头，仔细查看了起来。

考古人员问古玉专家，这堆碎石是什么？专家直起身，没有直接回答，而是卖了个关子，说："这些破石头值老钱了，这么说吧，实验室里的所有青铜器加起来都不如它值钱！"众人忙问："怎么就那么值钱呢？"专家说："我头一次有幸开了眼。"众人再问："这些碎石到底是什么呀？"专家说："绿松石原石！"

将世所罕见的绿松石原石作为随葬品，这在以往的考古发掘中未曾见过。

自然状态下的绿松石，夹在坚硬的岩石中间，开采起来非常不易；再者，自古，中国人就将绿松石视作神的化身，开采不易，需求量却很大，令这种貌不惊人的石头的身价远高于黄金。

参与发掘衢州大墓椁室的考古人员也曾在海昏侯墓棺、河北行唐中山国车马、山东大学芈克墓棺等处的实验室发掘中露过面，这些考古人员怎

► 自然状态下的绿松石，夹在坚硬的岩石中间。

▲ 二里头文化绿松石龙，禁止出国展出的国宝级文物，距今3700年，这两只眼睛和前边展示过的图的眼睛有几分相像。

第十三件事儿　瑰宝探奇：考古实验室里的外科手术　▶ 227

么会热衷东奔西走呢？原因在于，在考古界，供职于社科院考古所文化遗产保护中心的考古人员，学术地位堪称顶尖，发掘能力在国内首屈一指。地方上的考古单位但凡遇到了"疑难杂症"，但凡发出请求，社科院考古所的考古人员都会义不容辞，参与攻坚克难。

请古玉专家来实验室，还有一件事要做，这就是鉴别出土的大大小小玉玦的材质。将提取出来的玉玦，依照原本的顺序排列开，并详细记载每枚玉玦的尺寸、重量亦及损毁情况。

下页图中的兴隆洼玉玦是世界上最早的用玉实证，它是玦形耳饰的鼻祖。

在查看了衢州战国墓陪葬坑里的玉玦以后，古玉专家并没有在现场就做出玉玦属什么玉质的定论，而是告诉实验室里的考古人员，这些玉玦朽毁严重，需经仪器检测以后，才能最终确认属哪种玉质。

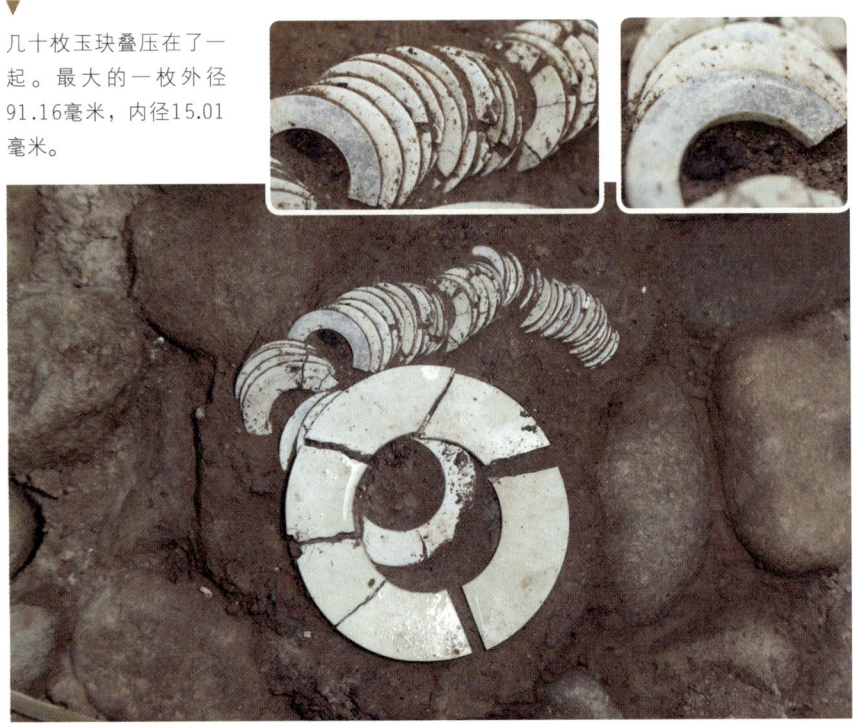

▼
几十枚玉玦叠压在了一起。最大的一枚外径91.16毫米，内径15.01毫米。

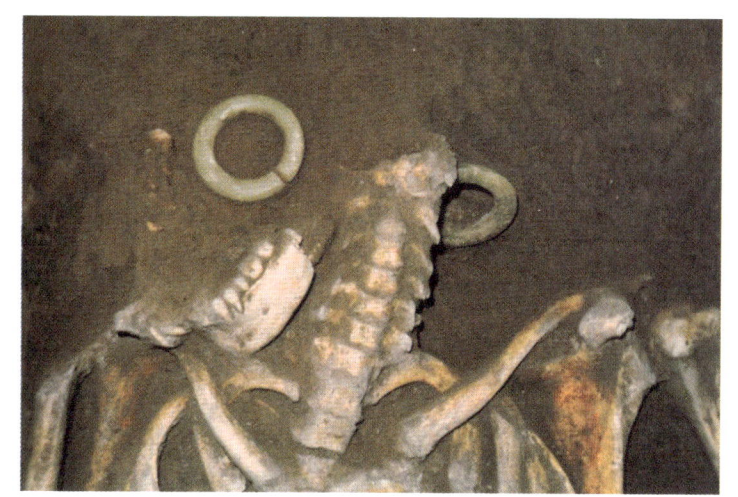

距今8200年的内蒙古敖汉旗兴隆洼聚落遗址出土的玉玦,因为出土于死者的头部两侧,这种器物被认定为耳饰。

衢州战国墓的随葬器物让人眼亮,这么说吧,在整个发掘过程中,考古人员几乎每天都是沉浸在发现的喜悦之中的。

因2000多年的掩埋,器物间已然凌乱,该怎样提取?先提取哪件器物?这个需要老将出马。

与田野考古一样,实验室发掘同样是不可逆的,发掘中绝不能出现任何差错,下页图中的考古人叫侯玉林,河南安阳人,15岁就在殷墟考古队参与田野发掘了,几十年的经验积累,成就了老侯发掘车马坑的高超技艺。即便如此,此番发掘,对老侯来说仍充满了挑战,因为存在太多的不确定性。考古就是这样,需要经验,更需要因势利导,根据不同实情,做出及时、合理的推断,发掘必须做到万无一失。

考古发掘,就像是做外科手术,容不得一丝半点的失误。一天下来,常是累得眼花缭乱,老侯有个缓压的独家秘诀——听戏,但他不去戏院听,就凭着一台比扑克牌略大的播放器,内存十几出豫剧老段儿,百听不厌,他说:"听戏,解乏。"

好吧,那咱现在来说说下页图中老侯手里的那件文物——承弓器。它是怎么使用的呢?

即使身裹泥土,承弓器仍流露出极致的美,器身上的纹饰,繁复却

1	2
3	4
5	6

1. 有圆，有方，组合成了马镳和马衔，驭手拉连接马镳和马衔的绳子，控制马的前进方向。
2. 简单清理之后的青铜马具，展现出灵异的美感。
3. 将视线聚焦一点，随葬器物显现出来的美足以让人惊叹，这样的器物叫承弓器，顾名思义，是承托弓箭的。
4. 此人就是侯玉林，他手中拿的文物叫承弓器。龙头低垂，龙颈弯曲，脊背与腹部的纹饰似高耸的马鬃，又像飘逸的花瓣，沟槽里填描着红色的朱砂，工艺虽繁杂，却不失干练的夸耀。弓颈，翘吻，张鼻，外凸的双眼，愤懑，狂傲。
5. 黄金器身，赤红纹饰，承弓器释放出来的美，令考古人员都找不到溢美之词。
6. 在数千千米之外的西辽河流域，距今5000年的红山文化玉龙，亦是弓颈，翘吻，张鼻。衢州古墓出土的青铜马具上的龙与红山文化玉龙有异曲同工之妙。

不失流畅，稳重但不缺飘逸。因为长期掩埋，青铜已被氧化，表面被灰绿色的锈斑包裹，这才有了后世的叫法：青铜。实际上，刚刚铸造出来的铜器通身呈现出来的是金黄色，故而，古时称青铜为"吉金"。既然青铜器原本为金黄色，倘若以电脑特技手段将承弓器做本色还原，结果会是怎样的呢？

实验室发掘衢州大墓的随葬器物，惊喜连连，不过，考古发掘有个常理，往往是惊喜过后，摊在面前的是疑惑和茫然。为什么会是这样的呢？原因在于古人"不按套路出牌"，如果按经验之谈、惯性思维对话古人常会语塞。考古的乐趣在于因势利导、整合思路，唯如此，才有可能续上聊

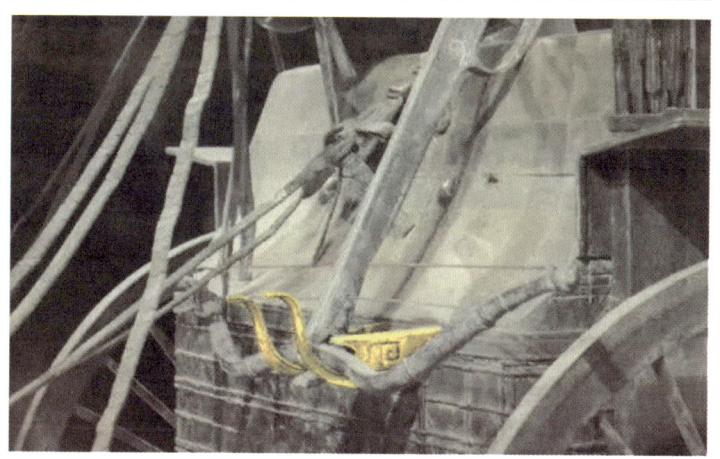

▶ 上图是出土于陕西的秦代铜车马，下图则清楚地显示了承弓器的用法。

▶ 将箭镞做成浑圆状，有考古人员推测，这样做是为了猎捕山鸡、狐狸等小型动物，只为击伤，不为毙命，为的是皮毛的完整、完好。

▲ 同为箭镞，这枚显现出来的是坚挺锋利，虽经2000多年的掩埋，仍旧透着瘆人的杀气。

天的话题。这么说吧，祖辈喜欢跟什么样的晚辈聊天？喜欢跟接二连三提问题的晚辈，这样才能显出祖辈的见多识广、知识渊博，和古人聊天亦是如此，而疑惑和茫然恰恰可以作为延续话题的线索。

新的一天，考古实验室仍旧紧紧张张却有条不紊。开启新的盛放随葬器物的木箱时，考古人员有了新发现。考古的乐趣在于刺激，因为新发现，考古人为什么一辈子可以乐此不疲，就在于不落俗套，总是充任第一发现人。

例如出土的青铜戈，由夏至汉，戈一直是中国古战场上的主战兵器，衢州大墓的主人，身为顶尖权贵，为什么要在

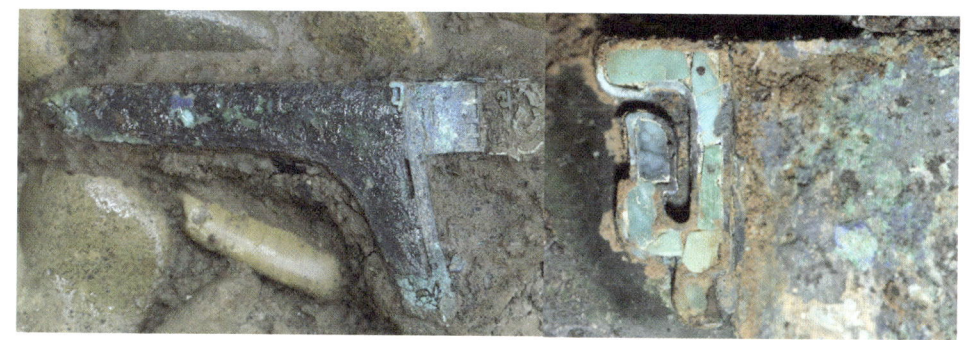

▲
青铜戈,仔细看,戈身上嵌有绿松石。

▶
戈内(内,此处的读音为nà,指戈的部位),纹饰像叶片的经络,动感十足。可以肯定,这只戈不是实用兵器,仅是一支仪仗的摆设。

▼
青铜剑,春秋战国时期,男性贵族的标配。

身边随葬持在普通士兵手里的兵器呢？细细察看，有了答案，戈身上竟然嵌着绿松石。

乍一看，它与以往出土的同时期的佩剑没什么特殊的地方，但清理掉了剑身上的泥土以后，考古人员再次惊诧。关于惊诧，这是考古的常态，没有惊诧就没有发掘的精髓。当下，考古俨然热门，在于考古人将惊诧适时传达给不能进入发掘现场的大众，而这份惊诧，无须装修。实话实说，这份惊诧便成了热搜。

考古的秘诀在于借助遗物对话古人、破解历史谜团，根据实验室发掘的各类遗物的数据收集，器物间的连带关系，青铜器的铸造理念和矿化程度，玉器的制作工艺和玉料来源等，考古人员收获颇丰。接下来，还有多少亟须破解的隐秘没人说得清，因为，新的发现不曾间断。

当然并不是每个考古项目的发掘都能大开眼界，比如说，考古人员曾将出土于江西省新建县大唐萍乡海昏侯墓园的4号墓棺整体打包自江西

▲ 剑格，纹饰纷繁，做工细腻，四颗绿松石装饰于剑格。

▲
剑柄底座,圆形的纹饰拥裹着绿松石。

拉到北京,拉进了考古实验室。既然1号大墓(刘贺的大墓)出土了20000多件精美、珍贵的随葬器物。由此看来,处在同一个墓园的4号墓的随葬也应该少不了,然而,路远迢迢,自赣来京,发掘的结果却令人大失所望。其实,这就是考古,期望总是相伴着失望,越是失望,期望便越迫切,而也正因期望的迫切,对话古人,才有魅力。

第十四件事儿

秘境寻踪

雪山中探寻呼图壁岩画

▶ 具有斯基泰文化特质的青铜器。

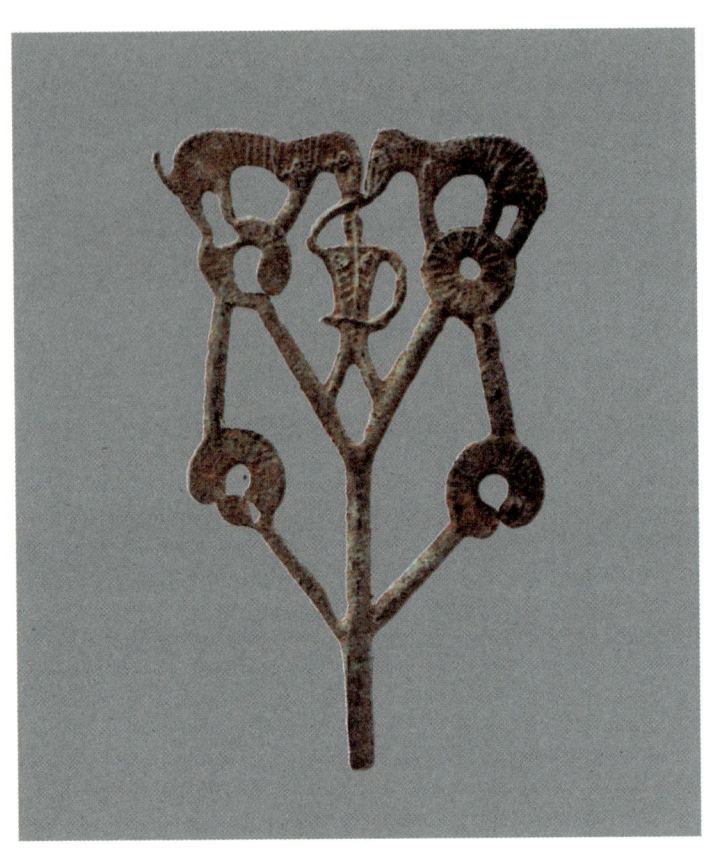

考古那些事儿

新疆昌吉州呼图壁，一个人口不多、面积却不小的县，地处东西方文化交流的重要节点，这里不缺故事。

2017年夏天，四川省西昌市配合基建的考古发掘工作紧锣密鼓地进行着，我抽空去了趟市博物馆，为的是看看那里的馆藏文物。博物馆馆长唐亮是我多年的好朋友，他对我说："博物馆你随便看。"跟这位老朋友我绝不客气，"展厅？不看，我要看库房！"唐馆长故作无奈地摇了摇头，把我带到了库房边上的一间办公室，不一会儿，唐馆长拿来一个文物盒，对我说，这里边的青铜器是在西昌市的盐源县刚刚发掘出土的。

打开文物盒,刚一上眼,我就惊呆了,藏身文物盒里的青铜器竟然显现着典型的斯基泰文化①特质。我对身旁的唐馆长说:"3000多年前,远道而来的东西怎么跑到四川来了?"唐馆长说:"或许是斯基泰人来到四川,带来了这件青铜器。"我又问:"入了川,为什么不在富庶的平原生活,而是驻足于相对贫瘠的西昌?"唐馆长瞪大了眼睛,摇了摇头。

守着这件斯基泰文化遗物,在征得唐馆长的同意之后,我拨通了考古所新疆工作站巫新华站长的电话。听了我的叙述,他的第一反应是不相信,笑着问我是不是又喝酒了,而后,大约过了10秒钟,他的声音变得急促起来,让我用手机拍几张照片发给他。再一次征得唐馆长的同意后,我拿出手机拍下青铜器的照片发给了巫新华。

5分钟后,巫新华回了电话:"你先别离开西昌,我明天就赶过去。"第二天晚上,巫新华当真自库尔勒赶到了西昌(自库尔勒到西昌,先要乘飞机到乌鲁木齐,然后自乌鲁木齐飞到成都,再从成都飞到西昌)。

在新疆做了几十年考古发掘工作的巫新华刚下飞机,就直奔博物馆。看着文物盒里的青铜器,巫新华话都说不出来了——斯基泰文化距今已有3000多年,3000多年前的斯基泰人怎么跑到四川西昌了呢?还有,文物盒里的青铜器令巫新华想起了一处国宝级岩画——新疆呼图壁岩画。

对于新疆呼图壁岩画的研究,西北大学文物保护的科技人员探查了岩画的相关细节,岩画的面积超过300平方米,时间跨度大约有4000年,最早的距今已有5000年,最晚的距今是1000多年。

从岩画上的人物形象看得出来,一些人物身上夸张的生殖器是后添上去的。岩画上有一些刻画所体现的是最初的女性崇拜,随着时间的推移,后世崇拜者肆意改变原本的神,以至于很多人物被添加上了巨大的男性生殖器。除了岩壁最上边的几个人物形象还保持着原有的模样,其他大多数都变成了生育神。

---

① 斯基泰文化:史料记载中最早的游牧民族斯基泰人所创造的文化。

▲ 近观，300平方米的大幅岩画，奇异，怪诞。巫新华为之震惊的是这些女性画像，与他在四川西昌看到的青铜器铸造的人物形象如出一辙。

据当地牧民说，在离这里十几千米远的地方看到过岩画。考古人员问牧民岩画上的内容是啥，牧民说："看不懂。"看不懂才有看头儿，50多岁的巫新华对探查未知的兴趣浓厚，他找到呼图壁县的县委孟书记，两人一拍即合，当即决定组织科考队进山，寻找岩画。

当时已是11月末，山中的道路都被积雪覆盖，骑马进山困难重重，但冬季的植被较为稀疏，便于寻找岩画。从预想着进山到整装待发，仅两天，可谓雷厉风行。

冬季进山谈何容易，在这里有必要说一下科考队将要探寻的狼塔古道。

此地有三条户外探险路线，被国际上最会玩、最酷的驴友们认定是证明户外能耐的必选之路，走过这三条道儿才会被户外界承认，其中一条就是科考队要走的呼图壁境内的狼塔古道。2016年夏天，来自香港地区的一位顶尖驴友进入了狼塔古道，但最终没能走出来。科考队这次进山，竟然在冬季，将会遇上怎样的险情？按照巫新华的话说：提心吊胆，不寒而栗。

当时有专车护送科考队进山，但车只能开到山口，科考队下车，各自领取行装和马匹，开启真正的征程。县委孟书记随队，宣传部部长、公安局局长、林业局局长连同人大常委会主任都整装待发，另外，队伍中还有一个40来岁的警察，背着一支95式自动步枪，我问孟书记带枪干吗？他说："吓唬野兽。"

▼
科考队员做出发前的准备。

下午4点,科考队出发。山里的积雪差不多没了半条马腿,林子是幽暗的,风捉弄着松枝发出瘆人的怪叫。(因为新疆地区与其他省市有两个小时的时差,所以,4点出发还不算晚。)

孟书记的骑马技术,跟当地哈萨克族牧民们的技术相比,不相上下,而且,他说得一口流利的哈萨克语。据说,孟书记是在哈萨克族村子里长大的。不一会儿,"专业"的孟书记和部分为科考队保驾护航的哈萨克族牧民就不见了踪影。剩下的,包括宣传部部长、公安局局长,连同科考队员都是坐在马背上不住地打战的"业余选手"。果不其然,走出去还不到半小时,在上一个两三米高的斜坡时,宣传部长骑的身材高大的马瘫倒了,突然倒下的马将这位部长摔得不轻。紧接着,科考队里一位女队员从马的右边掉了下去,她的左脚还勾着马镫。但凡摔下马,如

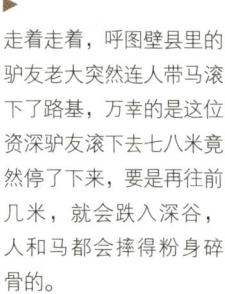

走着走着,呼图壁县里的驴友老大突然连人带马滚下了路基,万幸的是这位资深驴友滚下去七八米竟然停了下来,要是再往前几米,就会跌入深谷,人和马都会摔得粉身碎骨的。

果脚仍套在马镫里,马就会受惊,会带着人猛跑。当时这位女队员的马已然受惊,甩开四蹄猛跑,就在这千钧一发之际,科考队里哈萨克族的向导眼疾手快,双腿一夹自己骑的马的马肚子,迅速蹿上前去,俯下身拉住了受惊的马的缰绳。因为是冬季,地下的积雪足有一尺厚,脸朝下被拖出去10多米的女队员竟然毫发无损。(需要说明一下,这位跌落马下的女队员,在后来科考乌孙古道时也曾落马。)再往前走,顺着山脊的坡面,山下的沟壑深不见底,脚下的路不足两个拳头宽,大队人马放慢了速度。

一路上,翻山越岭着实让人心惊胆战,过河就更"刺激"了。科考队从哈萨克族牧民那里租来的马都是经常走山路的熟马,但河里的冰有厚有薄,马不知道从哪儿下脚,过河时,马背上的人一手控制缰绳防止马掉头,一手挥马鞭得狠狠地抽马屁股,嘴里还得大声呵斥着。呼图壁县的公安局局长走在我身前,过河时他的马的前蹄一直在点点儿,能感受到马儿在犹豫,它犹豫了半天才找准了过河的路。然而,一脚踩下去竟是人仰马翻,局长掉进了冰冷刺骨的激流里,当时的气温是零下17度。我忙着跳下马,跑到河边,但见冰凉的河水已经淹到局长脖子了,马很无辜地站在局长的身边,河水仅淹到了马的下腹,我冲着局长大叫:"赶紧站起来呀!"听到我的叫喊声,已经有些蒙的局长直起身,果真,水才到他的腹部。爬上岸,局长顾不得天寒地冻、人多眼杂,快速地从里到外将衣服换了个遍。

晚上9点半左右,天色擦黑①,科考队到达了第一个宿营地——一处哈萨克族牧民在夏季牧场使用的地窝子②。县里的领导和科考队员挤进地窝子,十来个向导在外边,窝在树坑里吃自备的干馕。

地窝子中间有一个烧牛粪的炉子,科考队员进屋的时候,炉火已然很

---

① 新疆处于祖国的西部,全国统一使用的"北京时间"在这里会给人一种迟到了的感觉。在这里,夏季,晚上10点才天黑;冬季,晚上9点多天黑是常态。
② 地窝子,从地面向下挖1米左右,上边堆砌鹅卵石,再以茅草盖顶,与古时半地穴的房子一样。

▲
当地夜晚的星空。

▶
进到屋子里，暖融融的，干馕、羊肉、烧酒，吃饱喝足，睡觉。每个人仅有30厘米宽的地方，晚上挤在一起，真是摩肩接踵了。

旺，虽说房子四面透风，但毕竟不用感受室外零下十几度的寒夜。

第二天一早，喝过热腾腾的奶茶，啃过硬得能硌掉牙的干馕，众人钻出地窝子。这一夜，地窝子里腥臊恶臭，屋外的空气极其清新。我深深地吸了一口带着松香味的凉气，乍一低头，着实吓了一大跳，地窝子门前的平台不足1米宽，下边就是黑黑的、深不见底的沟壑，幸好昨晚没人内急，不然的话，降身深渊，真是死都不知道是怎么死的。

向导为每匹马安上马鞍，系好肚带，全体人员再次出发。据说，今天要翻越的冰大坂海拔高度超过了5000米。

深山里的积雪很厚，快到马肚子了，往上骑行每走一步都困难重重。队伍出发两小时以后，整个雪山上就剩下我和比驴高不了多少的一匹老马。既已到此，全没了退路，好在天还大亮，我硬着头皮使劲儿抽着马屁股，让它尽量走快点儿。不过，走到半山腰，我的心脏突然"咚咚"地狂跳起来。因为出发时，我问过书记为什么要带枪，他告诉我是为了吓唬野兽。吓唬野兽？大角羊、马、鹿等食草动物不会招惹人，敢和人叫板的动物都不是善茬儿啊！我想起这事来，不由得越来越紧张，毕竟当下只有我和我的老马。

历经三小时的"磨难"，我和我的老马终于爬到了山顶。所有人早已下马歇脚，大家没有注意到我的迟到。我刚下马，腰腿还没活动开，县委孟书记一声令下众人重新上马，下山。

我再次硬着头皮翻身上马，走出去百十米却又下来了——下山的路太陡了，足有50度，而且满是碎石，积雪也挺厚。

我牵着马，横着身子一步一颤地慢慢下山。县委孟书记和向导们像是在享受速降的刺激，嘴里发出"呜呜"的长调，急速冲下了足有300米高的陡坡。别人速度快，因为骑术好有把握，我呢？根本称不上骑术，胆儿又小，还是踏踏实实地慢慢走吧，好在队伍里不光我一个徒步下山的，还有七八个和我一起小心翼翼下山的人。我的心呀，倒是比上山的时候踏实多了，没再想起那些敢跟人叫板的野兽。

下了陡坡，是一片2000多米长的慢坡开阔地，许是下山的时候太紧张了,我的腿和腰痛得要命,我索性牵着马慢走起来。没走出去多远,只见四五个人围着一匹瘫倒在地的马,我走上前,原来是县委宣传部部长的马。马侧身躺在雪地上,双眼圆睁,呼吸急促,浑身的肌肉不住地打战。但见一位向导抡圆了胳膊没头没脸地狠命抽打躺在雪地上的马,我问宣传部部长的马咋了?他说:"有可能是吃了雪被激着了。"昨天临出发的时候,县委孟书记告诫大家,绝对不能让出了汗的马吃雪,吃了雪就有可能被激着。被激着的马就几乎报废了。向导打了一阵子,看着没什么效果,便蹲下身从后腰处掏出一把中指长的小刀,让旁边的人帮忙掰开马嘴。向导将持刀的手伸进马嘴,不一会儿手和刀都退了出来,只见刀尖上挑着一颗鹌鹑蛋大小的血球。被掏出了堵在喉咙处的血球,马不再颤抖慢慢地站起身,向导说:"这马废了,不能骑了,只能养到秋后宰了吃肉了。"再往前走,宣传部部长只能和别人同骑一匹马,前边的人骑在马鞍上,宣传部部长只能骑在光秃秃的马屁股上,紧紧搂着前边的人的腰。

又走出去个把小时,科考队发现了一件"真家伙"——一个石人。为确保文物不被盗墓贼偷走,科考队决定将它拖回驻地,但几匹马拖拽了半天,石人纹丝未动,没办法,科考队只能将石人放倒,盖上蒿草,来日开车再做提取。

▶ 科考队在路上发现的文物。

▲
石门子岩画的神奇在于古人的想象力，今人不及。

天黑以后，我终于赶到了驻地，今天的驻地是一处林场的指挥部，住宿条件比昨天强多了。到了驻地，下了马，腰腿就跟不是我的似的，说不上是痛还是麻，虽说又是"断后"，好在终归回来了。先到的人已是酒过三巡，他们看到我，有人高喊："你怎么回事？躲到哪儿去了？"我刚想解释，突觉内急，急匆匆出了门，没找到厕所就憋不住了……内裤和保暖裤是要不得了，万幸的是，我的上衣兜里有一沓厚厚的餐巾纸。我穿上外裤，这会儿的气温怎么也在零下20摄氏度。

依照牧民提供的线索，科考队要找的岩画就在河对面的山上，但是河水太凉了，虽说牦牛可以渡河，但人和马不行，科考队只得放弃原本要过河查看岩画的计划。

翻过一篇来到新的一天，科考队继续赶路，好在这段路不再危险，人踏实，马也踏实。出发后3小时，我们终于到了哈萨克族牧民看到岩画

▶ 发现于狼塔古道上的石人。从前面看，像女性生殖器；从后面看，又很像男性生殖器。

的地方,未承想,好端端地多出来一条激流挡住了科考队的探寻之路。哈萨克族向导说,前些时候他从这里经过,是没有河的,今天怎么多了一条河?哈萨克族向导也说不清楚。探查岩画,迫不得已就此终止,科考队悻悻然踏上了返回县城的路。

在回去的路上,有了新坐骑的宣传部部长问我:"你知道遇难的那位驴友是怎么死的吗?"我问:"怎么死的?"他说:"驴友按照事先探查过的没有河的路线行走,但激流天降,淹没了驴友,驴友就这么死的。"我再问:"尸首没找到吗?"宣传部部长说:"找不到了。"

第十五件事儿

永远的田螺山

翻开古人的生活日记

考古的秘诀：借助遗物与古人聊天。给您推荐一个和祖先聊天的好地方——田螺山。

田螺山遗址位于杭州湾南岸的宁绍地区东部，地处浙江谷地北侧的一个低丘环绕的小盆地中部，依托海拔仅5米的田螺山分布的地下古村落，遗址已探明的面积就有30000平方米。田螺山遗址距今7000年了，属河姆渡文化范畴。

那么在田螺山，能看到什么？能和田螺山古人聊些什么？

对于非从事考古工作的人来说，想要跟田螺山古人聊天，就得先接受"入门辅导"。原国家博物馆馆长、著名考古学家俞威超先生写过一本《考古学是什么》，书中有这么一句话，对您或许能有些启发："研究古代，是为了现代；考古学的目的，是为了今天。"这段话读起来很简单，细细品味，却极富哲理。考古学家的工作在于当下，这么说吧，任何人都离不开社会，为了更好地融入社会，您就得了解社会。说得通俗一点，您得知道人以及世间万物是从哪儿来的？当然，很多疑问可以从书本上得到解答，但是，当今的人们能索取到的文献充其量不过3000多年（这是对中国而言，因为中国有文字记载的历史是自商开始的，距今只有3000多年），再往前的历史该怎么知晓？这一点，就涉及我刚说的有"在田螺山能看到什么？和田螺山古人能聊些什么？"的疑问，破解这个疑问唯有一个办法，这就是挖开泥土，自地下寻找答案。田螺山遗址，鲜活地包容着古人的生活状况，而其中，水充任着成就田螺山遗址价值的关键介体。

下图中出土的用藤条缠在木柄上制成的骨耜（sì），在其他史前遗址里是难以见到的，是水将这把骨耜保存了下来。耜的功能相当于今天的铲子，7000年前的田螺山人干农活，有了耜，效率是很高的。

这里出土的镞呈三棱形，被射中的野兽，伤口处会留下一个三角形的洞，这样，杀伤力被最大限度地强化了。而在距离田螺山遗址数千千米之外的，与田螺山遗址差不多同时期的呼伦贝尔哈克遗址出土的石镞，箭头是扁平的，但镞身被开出了棱状沟槽，这样的箭镞也可以造成

▲
藤条绑木柄骨耜。

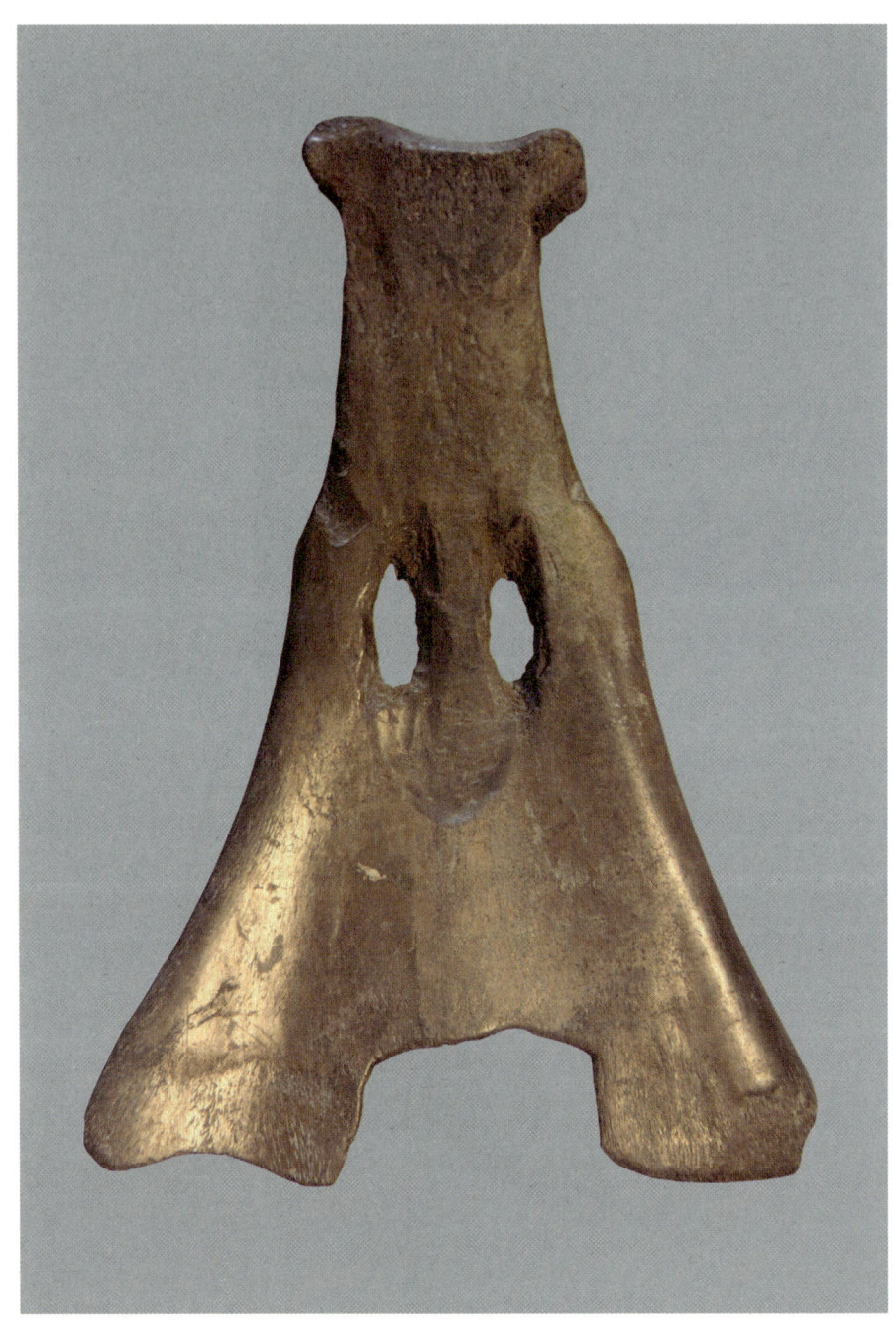
▲
出土于同一遗址的骨耜。

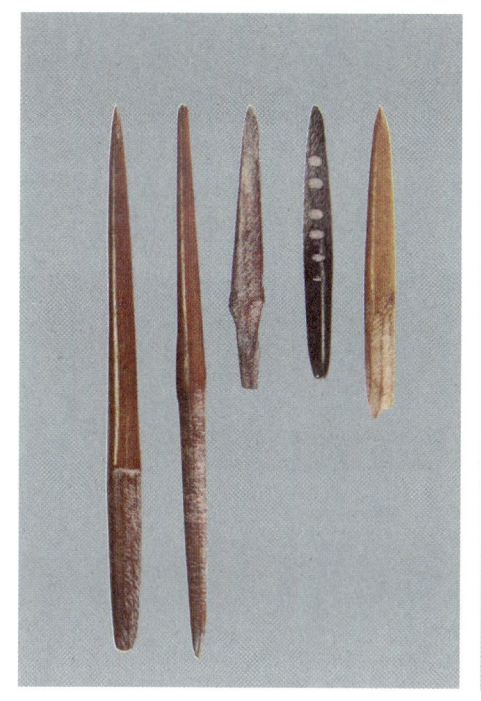

▲ 骨镞，狩猎用具。

▲ 呼伦贝尔哈克遗址的石镞。

野兽的严重失血，而且如同鱼钩般的倒刺，使射到野兽身上的箭镞不易脱落。

下页图2中，出土的器物的图形是鸟与太阳的结合，这是早期文明的显著特点。图中双鸟驮着太阳，意为金乌驮日。《山海经·大荒东经》中记载："汤谷上有扶木，一日方至，一日方出，皆载于乌。"相传，汤谷是太阳升起的地方，那里有一棵叫扶桑的大树，太阳每次洗完澡都会爬上扶桑树，这时，乌鸦就会飞过来驮起太阳飞向天空，为人类造福。

前面我说了，水对于田螺山遗址来说十分重要，因为水对遗物的保存远胜于当今的任何高科技手段。剥去包裹在遗物身上的泥土，小铲下显现出来的远古记忆，恍若昨天才埋下去的，给人一种时光倒流的感觉。如果没有考古发掘，现代人是根本无法和古人"聊起天"来的。借助遗物与古

1	2
	3

1. 象牙鸟形匕，整体呈长舌状，尾端雕着一个鸟头，并刻有组合图案。这只鸟形匕给人一种神秘、诡异的感觉，它不是实用器具，应该和通神有关。
2. 双鸟朝阳纹象牙蝶形器，正面阴刻着寓意丰富的双鸟拱卫太阳图案，这是一件极具艺术性和思想性的远古遗物。
3. 太阳神鸟金箔，出土于成都的金沙遗址。

▲
左图：鱼形木柄，艺术色彩浓烈，它也不是实用器具，它的功用何在？是权杖还是法器？学术界认定不一。

右图：木勺，这是迄今发现的国内最古老的餐具。

人沟通，考古人员最先感触到的是，很多畅行了数千年的历史谬误被更正了。

旧石器时代向新石器时代过渡时期，虽说人们已经脱离了茹毛饮血的习惯，但尚无文字，因此没有办法记述历史。跨时空地传述往昔，除了神话传说留给后人一些虚无缥缈的印象之外，一切都在不经意间消失得无影无踪了。后来，文字诞生了，情况有了变化。

公元前21世纪，中原历经数千年的文化积淀，彰显出了超凡的实力，各路英豪竞相逐鹿，相继，夏立国建朝，及至后世，刀光剑影、血雨腥风，一次次更迭了前朝的大王旗。商、周，一代代王忙着征战、祭祀和享乐，无暇顾及遥

考古那些事儿

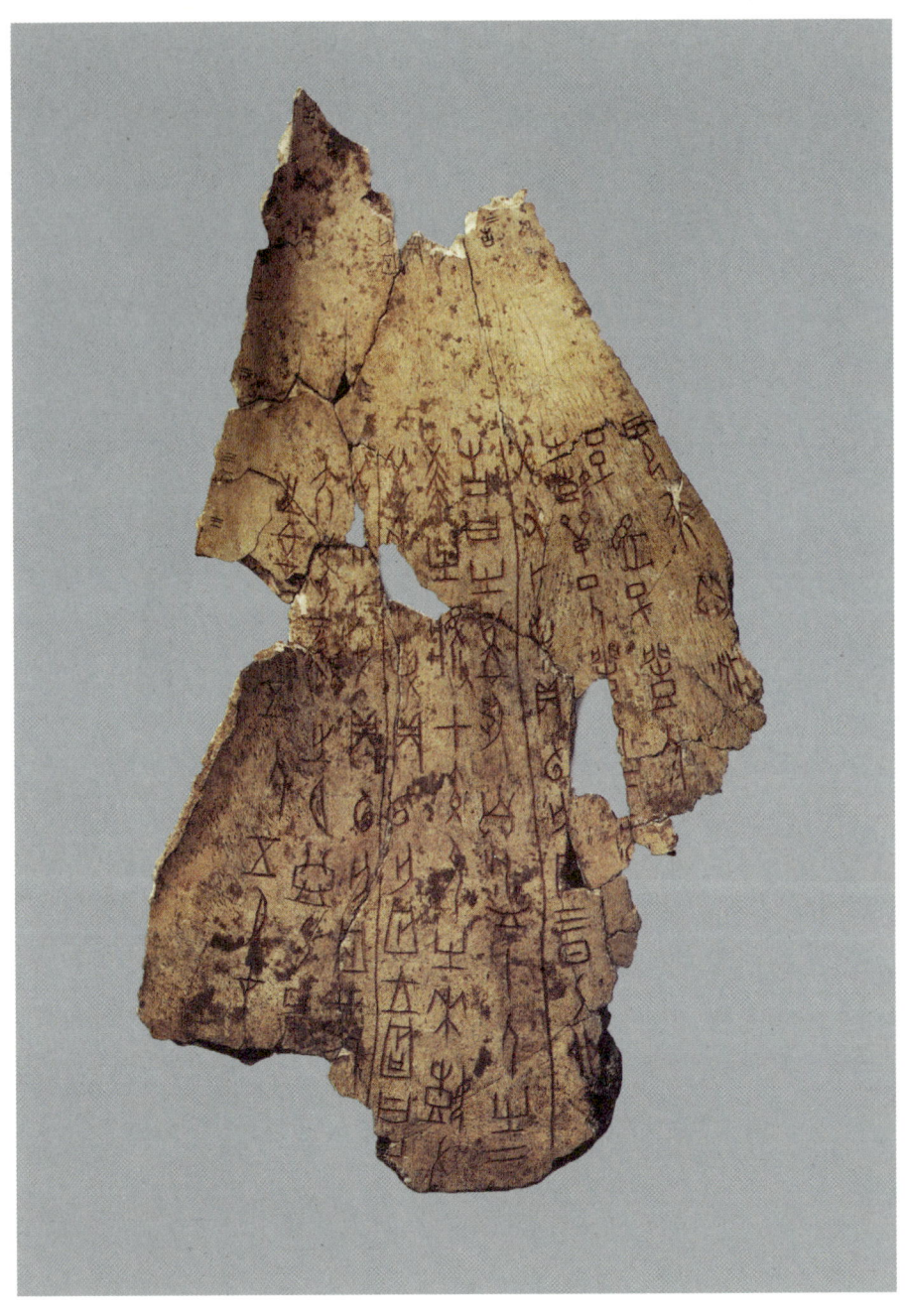

▲
距今3000多年的商代甲骨文。商人将问卜的事情记在龟骨或者牛、鹿的肩胛骨上，由此，后人有了品读古人生活状态的可能。

远的江南，借此，史官们金贵的笔触很少涉及江南的事情，即便偶有提及，要么武断地将江南贬为蛮荒之地，要么惜墨如金施之简略，于是，后人自《史记》和《汉书》这样的正史中感受到的江南已然是孤寂、惨淡和荒芜："楚越之地，地广人稀，饭稻羹鱼，或火耕而水耨……是故江淮以南，无冻饿之人，亦无千金之家。""越，方外之地，劗发文身之民也……南方暑湿，近夏瘅热，暴露水居，蝮蛇蠚生。"就这样，于不知不觉中，有些人对江南的成见流传了数千年。到了唐代，情况有了改观，白居易曾感慨："江南好，风景旧曾谙……能不忆江南。"诗句美妙，为江南正名。宋代词人柳永在《望海潮》中描写："东南形胜，三吴都会，钱塘自古繁华。"词中的"古"恰是对历史的真相道出了一种难能可贵的直觉。不过，即便白居易、柳永将江南认作"自古繁华"，人们对江南的真知却是随着30年前河姆渡文化遗址的考古发现慢慢矫正、丰富过来的，而田螺山遗址的面世，进一步强化了人们对远古江南并非荒蛮的认知。

遗址中出土了数以千计的原始生产工具、生活用具和古人的生活遗迹，由此，考古人员醒悟：江南有过曾经的辉煌。数千年前，我们的祖先选择了气候湿热、景观多样、万物兴旺的江南作为栖息地，并且，在中华文明的初始阶段，镌刻出了一段极其重要的历史篇章。6000至7000年前，沐浴着全新世①的旭日的田螺山人不再居无定所了。

田螺山遗址的发现，使那些惯于说教"黄河流域是中华文明的发祥地"的人有了顿悟。

彼时，长江下游已然有了不输中原的成熟的新石器时代文化。深藏于这儿的史前文明完全可以媲美黄河流域的仰韶文化、半坡文化。田螺山遗址的面世，给了当今的人们翔实地了解远古江南的机会，那么，田螺山遗址是怎么被发现的呢？

---

① 全新世：第四纪最新的一个世，也是最年轻的地质年代，始于约11700年前。

▲
上图：2007年发掘的村落遗址。这是从西南方向向东北方向拍摄的。东边是居住区，中间近南北向是栅栏式木构寨墙，西边是水上独木桥式木构通道。
下图：搭建房子用的带卯孔榫木板。

2001年岁末，余姚市东，有一个小得不能再小的山包——田螺山，建在这个小山包上的工厂因为需要水，决定打一口井。挖下去没多深，工人们惊诧了，泥水里出现了不少骨头、木头和陶片。厂长董国明随即将水井里发现这些东西的情况向不远的河姆渡博物馆的工作人员做了汇报，就这样，一个重大考古发现震惊了学术界，学术界将这处新发现的遗址命名为田螺山遗址。

田螺山遗址，位于北纬30度（人类步入文明的神奇地带），东经120度，距余姚市区24千米。西南距河姆渡遗址7

木栏式木结构建筑遗迹,木柱成排埋入,木柱上架着房子。右图是拍摄于菲律宾的现代干栏式民居——数千年前,田螺山人就已经居于这样的房子里了。

鸟瞰的木结构寨墙与独木桥。右图是现代的独木桥。

▲ 几层木结构遗迹的叠压。考古人员推测，这是一艘独木舟。右图是现代的独木舟，数千年前的田螺山人曾驾着独木舟泛舟于河湖之上。

考古那些事儿

▶ 船桨
集中出土于临水的寨墙旁边，表明乘船外出是田螺山古人主要的出行方式。

千米,周围200米内少有当代村落,遗址所处可谓闹中取静。遗址四面环山,处在1平方千米的小盆地中部,自身环绕着海拔仅5米的田螺山,南北伸展220米,东西约160米,总面积3万平方米。沧海桑田,不可思议的是,时间像是充斥着神奇力量,将万物都变得面目全非,田螺山的地上部分,即便是最有经验的考古人员也难断端倪。因为打井,隐匿了数千年的田螺山遗址露出了真容;经过发掘,田螺山遗址出土的诸多遗物,如同躲闪开时间的磨砺,鲜亮得就像刚刚埋下去的一般。田螺山遗址是一本书,一页页地翻,考古人员有了与古人充分交流的机会。

就体能和生理特点而言,人类与很多动物比起来是不具优势的,但人类凭借聪颖的大脑和灵巧的双手,利用和改造了自然,成为地球上唯一能够创造财富的生灵。更为神奇的是,人的知识可以随着时间的推移传授给晚辈。因此,财富的创造与消耗一直处在加速度的递进之中。考古发现,田螺山出土的林林总总的遗物清楚地表明,田螺山古人利用和开发自然资源并创造出物质和精神财富的能力、规模、速度已经达到了一定

▶ 敞口多角腰沿陶釜。这是田螺山古人煮饭用的锅,饭熟了以后,双手把住腰沿,不会被烫。

▲
上图：陶支架，这是专门用作支撑陶釜的。支架上的纹饰似水花又像流云，对艺术的追求，数千年前的人们就已经很执着了。

下图：猪纹方形陶钵，它的造型是圆角方体，腹部两侧刻画着猪的图案。猪在远古先民的生活中扮演着极为重要的角色。我在《与古人对话》一书中有讲到。

▲
玉玦
玉质的耳环。右图是出土于内蒙古敖汉旗兴隆洼遗址的玉玦。两相比较，似有相通之处，有学者认为，田螺山出土的玉玦是对兴隆洼的玉玦的继承。

水准。自遗物中获得的文化信息，令考古人员有机会目睹数千年前田螺山人巨大的创造力，并因为极好的埋藏条件而令数千年后的今人看到田螺山人制作并使用的生产、生活用具。迄今，考古人员在田螺山遗址共发掘出土了3000多件遗物，为全面复原田螺山古人的生产、生活状态索取到了可靠的、翔实的依据。

人类历史，有据可查的上限为600万年。最近的1万年，地球又一次步入了温暖的周期。随之，降水增加，海平面上升，动植物变得空前兴盛，这一地质阶段被学术界称作全新世（前文提到过）。天赐良机，人类在生命世界里逐渐充任起了主角。

对于数千年前的自然环境，当今的人们虽说难以探窥全

▶
红衣陶
体量大,制作精细,纹饰繁缛,堆纹上加压蚶壳印纹。考古人员推测,这尊陶器有可能是瓮棺,也就是盛放死人遗骨的罐子。

貌,但只要根据出土的动植物遗骸,还是可以在一定程度上了解到当时的生态环境和人类活动印记的。通过对田螺山遗址发掘出土的动植物遗骸的探究,考古人员得知了6000至7000年前,在田螺山周边的山地、湿地上生存着诸如大象、犀牛、老虎、红面猴等野兽以及当今在岭南两广地区才能看到的植物,学者们得出了这样的结论:6000至7000年前,杭州湾的自然条件类似于今天的两广地区。

动植物是自然环境里最具活力的,但又是十分脆弱敏感的,而且与人类的生活息息相关。田螺山遗址出土的动植物大都是适应于原丘湿地的种类,作为当时人们食物的来源,也是田螺山古人生存的物质保障,当时的动植物已不仅仅是自然物,更是远古文化的组成部分。

来看看田螺山出土的一些具有代表性的动植物的图片吧。

▲
刻纹陶盉

制作独特,顶部犹如龟背,器身纹饰精细,图案精美,表述生动。

▲
刻纹骨笄（jī）
动物骨精心雕制，用于固定头发的簪子，正面上部刻着平行线纹和蚕形纹饰。

▲
黑漆木筒
由整块木头掏挖而成,器身表面分3段,两端细刻多圈平行线纹,整体涂刷光亮的黑漆。筒内有1片木塞,这是中国史前文化中迄今发现的年代最早的一件漆木器,距今已7000年,功用上可能是一件打击乐器。

▲
水牛头骨
田螺山古人还未学会驯化水牛,野生的水牛是田螺山古人重要的食物来源。

▶
鹿角
史前,在很长一段时间里,鹿是人们餐食的常客。

▶

狗头骨

与当今的宠物狗相比,田螺山遗址出土的狗的遗骸有明显的野生气质。

▶

鱼刺

傍海临河,沼泽遍布,鱼是田螺山古人常吃的食物。

▼

扬子鳄骨板

从骨板看,这是一只成年的鳄鱼。田螺山古人处在了食物链的最顶端。

▶

龟甲壳出土时的情景。
以龟为食,古已有之。

▶ 鲸鱼肋骨和经过加工的鲨鱼的牙齿。田螺山古人搏海击浪,他们是怎么在大海里捕捉到体型巨大的鲸鲨的?难以想象。

▶ 淘洗过的碳化的稻米。经过观察分析,这些稻米是人工种植的。证实了当时的田螺山人已经学会了水稻的种植。

第十五件事儿　永远的田螺山:翻开古人的生活日记　▶ 273

▲
菱角
从文化层土壤淘洗物中挑选出数量庞大的菱角碎壳和一些完整的菱角,反映出采集经济在先民生活中的重要性。

▶ 贮藏坑中的橡子出土时的情景。橡子色泽鲜艳,如同刚刚埋进泥里一般。

葫芦出土时的情景。

每当翻开儿时的相册时,每个人都会恍如梦境——童年,令人回味。

对于人类而言,艰辛但不失情趣的成长过程留下的"老照片"——文化遗物,能让当今的人们领略到神秘、神奇的往事。实际上,真正科学地寻找隐匿在地下的"老照片",也就是考古学的开创,仅始于100多年前,因为考古是一门新学科,又因为考古针对的是老学问,致使考古令人着迷。距今6000至7000年的田螺山,恰是一部翔实的相册。感受、感知那段早已逝去,却又历历在目的记忆,考古人员看到了祖先曾经的童颜。

2001年底,田螺山遗址面世。2004年2月,对田螺山的考古发掘拉开了序幕。及至当下,历时数年,考古发掘才仅仅翻开了田螺山"相册"的前几页,对这处遗址的发掘与探究以及与田螺山古人的"聊天",要做的事还多着呢。

◎ 后记

说来也巧，出版社的张老师约我写上一本书《与古人对话》的前言和后记时，我正在考古工地。这一次，我还是在考古工地。不过，上次我是在甘肃省武威市的天祝县，这次是在新疆维吾尔自治区伊犁哈萨克自治州的新源县。上次亲历的是吐谷浑贵族大墓的奢华，此一番感受到的是安德罗诺沃文化的神异。

我在电话里跟张老师开玩笑说："你要是10天前给我打电话，我还在江西樟树呢；10天后给我打电话，我会在河北的行唐。"张老师问："东南西北的这么奔波，您不累吗？"我说："只要是下工地，就跟打了鸡血似的。待在京城，但凡超过一周，我便受不了，人多车多乱哄哄，远不如考古工地清新自然、地广人稀来得舒畅。"

总往工地跑，常会被朋友问起发掘情况。一次，一个朋友问我："这次去工地收获大吗？"我回答："当然。"朋友又问："出土的宝贝多吗？"我说："难以计数。"朋友继续问："什么宝贝？"我说："陶片。"朋友不解："这算什么宝贝？"我说："有些时候，一块陶片的价值有可能与秦兵马俑相等同。"朋友更不解："每尊兵马俑都是价值连城，你说的陶片难道也是无价之宝？"对于朋友的茫然，我解释道："这次下工地，是一处史前遗址，在业已发掘的300平方米的范围内，陶片的堆积厚度超过了1米，我说的价值超高的陶片是几块碗底，这些碗底上有诡异的刻画，刻画为探究汉字起源、了解古代天文学、宗教学和早期建筑的修建理念提供了实证。"

我这位朋友的疑问很有普遍性，考古圈子之外的人对考古发掘的认知和关注点，基本集中在"挖到了什么宝贝""这些宝贝值多少钱"上，将考古的意义等同商业价值，这是对考古的认识误区。造成这一误区的根源，恰在考古本身。现代意义上的考古在中国已近百年，数代考古人不畏辛劳，为修正国史做出了巨大贡献，但有一条是不可否认的，多数考古人忘记了，或者说从心底里排斥对大众普及考古，以至于某些盗墓类的文字作品，胡编乱造、歪曲历史，充斥于市、搅乱视听。更有甚者，一些收藏类节目亦是带歪了受众，请来的所谓专家，上至史前下到民国的所有文物都能被这些专家娓娓道出市场售价，包括《中华人民共和国文物保护法》明令禁止流通的文物竟然也被这些专家明码标价。此类节目助推了民间的收藏热潮，却也为制假贩假者出具了可借鉴的范本。我这么说是有根据的：其一，考古界（文博界）的任何人的研究领域都不可能跨越古今、横贯东西，而收藏类节目的一些专家古今中外无所不通，金银玉帛、字画印章无以不晓，倘若专家们当真有此等学识，绝对称得上是奇人了；其二，节目中涉及的许多文物的真实性令人生疑，这一点明眼人都看得出来。

  关于考古知识的大众普及，近些年已大有好转，权威部门强力推出了"公共考古学"，普通受众有了知晓考古知识的良机。不过，眼下考古的大众普及仍止步于受众看热闹阶段，远未达到全民参与的境界。我说的"全民参与"并非人人一把手铲涌进工地参加发掘，这既不科学也不现实。该怎么解释这个"全民参与"？这么说吧，为什么足球会有那么多的铁杆球迷？一个重要的原因在于球迷懂球，球场上的运动员来回奔跑，看台上的球迷亦是在"奔跑"，在推测、判断、调度等方面，当运动员与球迷的预期相悖时，球迷就会议论纷纷，那么，为什么不能让受众也懂得考古？恰如球迷那样，与运动员即考古人做互动式的"奔跑"呢？受众懂得了考古，参与就由单纯的看热闹上升为主动的评议。要想达到这一步，前提是所有考古人都得放下架子，说普通受众听得懂的话。